JN051861

# 女の子でも総理大臣になれる?国会への道

国会議員
辻元清美

偕成社

## 国会議員をしています！

みなさん、こんにちは。辻元清美です。国会議員をしています。２０２４年現在は、衆議院と参議院、ふたつあるうちの、参議院の議員をしています。政治家をしているともいえます。

政治家とは、国や都道府県、市区町村などでくらす人たちからえらばれて、みんなを代表して国や町のことや、みんなからあつめたお金（税金）のつかいかたを決める職業です。市長さんや区長さん、市議会議員さんなども、

## まえがき

政治家の仲間です。

国会議員は、国民の代表として、国会議事堂でひらかれる国会の本会議や委員会に出て、国のことを議論して決めたり、法律をつくったりします。みなさんも、国会のようすを、ニュースなどで見たことがあるかもしれません。国会議員の多くは、自分のめざす政治の方向がおなじ人たちの集団である「政党」に入っています。わたしもいまは「立憲民主党」という政党に属しています。

わたしが最初に国会議員になったのは、１９９６年10月のことです。衆議院の議員になりました。それからおよそ27年間、政治家をしています。

みなさんのなかにはもしかしたら、「政治家って、どんな仕事をしているのかわからない」とか、「政治家になったら悪口をいわれたりするんじゃない?」と思っている人もいるかもしれません。

わたしも「選挙に出ないか」とはじめていわれたときには、「政治ってちょっとこわそう」というイメージをもっていました。

子どものころのわたしは、大きくなって自分が国会議員になるなんて、夢にも思っていませんでした。正直にうちあけると、はじめて立候補した選挙の数週間まえまで、想像もしていませんでした。

わたしは、奈良県の吉野郡という山あいの地域に生まれました。両親は、わたしが小さいころは洋服屋さんをしたり、クリーニングの集配屋さんをしたりしていましたが、なかなか商売がうまくいかず、家族4人、やっとのことで生活していました。最後にはうどん屋をはじめて、わたしは「うどん屋の娘」としてそだちました。

家族や親せきのなかにはだれひとり、政治家はいません。政治とはまったく縁がなかったのです。だから、「選挙に出ないか」っていわれても、なんだか別世界にほうりだされるようで、「こわそう」と感じたのかもしれません。

実際に、いま国会議員をしていて、「どうしたらいいんやろ」と途方にくれることもありますし、毎日緊張もしていますし、友だちにぐちをこぼすことだって

# まえがき

あります。でも、つらい気もちを感じられるのも、生きてる証拠、人間の証拠です。30年近く政治の世界にいて思うのは、「サイボーグのような政治家はもうやめた。血のかよった自然体の政治家でええやん」ってこと。そのまんまの辻元清美でやっていこうと思っています。

日本の政治家には男性が多いけれど、もっと女性の国会議員が必要だと、いつも考えています。

「ジェンダーギャップ指数」というものがあります。これは、世界経済フォーラムという国際的な団体が出しているランキングで、男性と女性のあいだにある不平等を国ごとにしらべて、順位をつけたものです。男女の格差が大きければ大きいほど、順位は下がってしまいます。

２０２３年の日本のジェンダーギャップ指数は、１４６か国のうち、なんと１２５位。なぜこんなに低いかというと、女性がどれくらい政治に参加しているか、というのをしらべた「政治参画」のスコアがとっても低いからです。

衆議院議員は、いま４６４人います。そのうち女性はたったの48人、全体の10％くらいしかいません（２０２３年11月1日現在）。参議院ではちょっと多くて、２４７人中66人、全体の27％くらいです（２０２３年12月6日現在）。

世界には上院（日本でいう参議院）がなく、下院（日本でいう衆議院）しかない国もあるので、ちがう国どうしの国会の男女の比率をくらべるときには、下院のデータを見ます。世界の下院の女性議員の割合を見てみると、多い国では、ニュージーランドは50％、スウェーデンやノルウェー、フィンランドなど北欧の国々はだいたい46％と、半分くらいが女性です。

よくサミットであつまっている「Ｇ７」とよばれる7か国の女性議員の割合を見てみましょう。フランス、ドイツ、イギリス、イタリア、カナダは30％台で、アメリカが29％くらいです。日本は10％ですから、Ｇ７のなかでもとびぬけて低いのです。日本国民のだいたい半分は女性なのに、国民みんなの声を国会にとど

## 日本のジェンダーギャップ指数

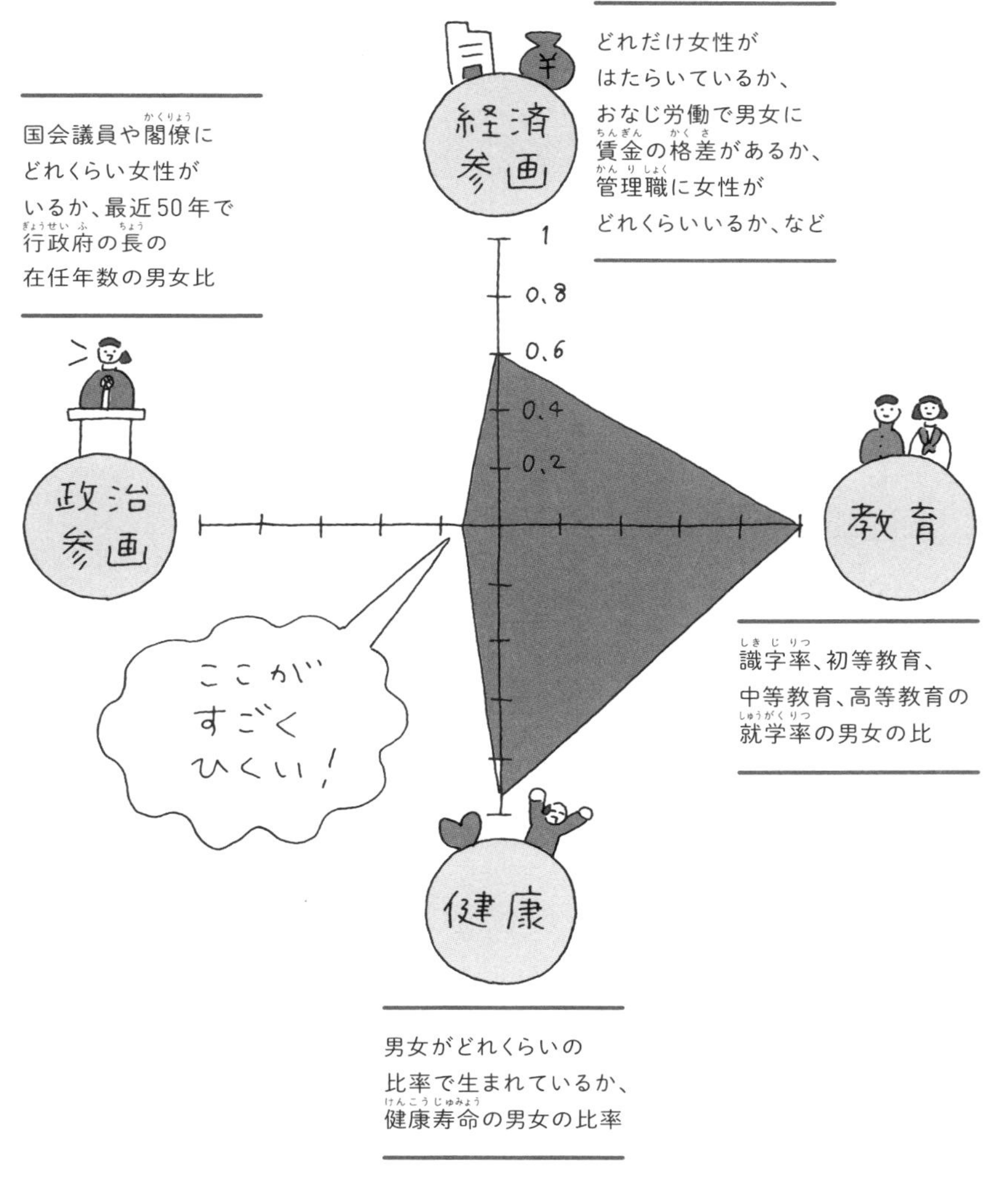


スイスの非営利財団「世界経済フォーラム」が公表しているもので、
0が完全不平等、1が完全平等をあらわす。
※世界経済フォーラム「グローバル・ジェンダー・ギャップ報告書（2023）」より

けるはずの国会議員がほとんど男性だなんて、ちょっとおかしいように思いませんか。

海外には、国会議員どころか、国の代表、日本でいう内閣総理大臣をつとめる女性もたくさんいます。ドイツでは、アンゲラ・メルケルさんという元物理学者の女性が、２００５年から２０２１年まで16年もの長いあいだ、首相として国のリーダーシップをになっていました。

あるとき、ドイツの小学生がメルケル首相にこんな質問をしたそうです。

「男の子でも首相になれますか？」

その子が生まれてからずっと、ドイツでは女性が首相だったのです。

日本でくらすみなさんは、こんなふうに思うかもしれません。

「女の子でも総理大臣になれますか？」

なにしろ、日本ではこれまでいちども、女性の総理大臣は誕生していません

## まえがき

から。

「政治」ときくと、すこし遠い世界の話みたいに感じるかもしれません。でも、政治とみなさんの生活は、あんがい近くでつながっています。この本をとおして、みなさんがすこしでも国会や政治を身近に感じてくれたらと思います。

小さなうどん屋の娘だったわたしが国会議員になったように、みなさんにも無限の可能性がひろがっています。女の子にも、もちろん男の子にも。

この本を読んだみなさんが、「政治家になりたい！」と思ってくれたら、そんなにうれしいことはありません。

# 三権分立と議院内閣制

## 三権分立

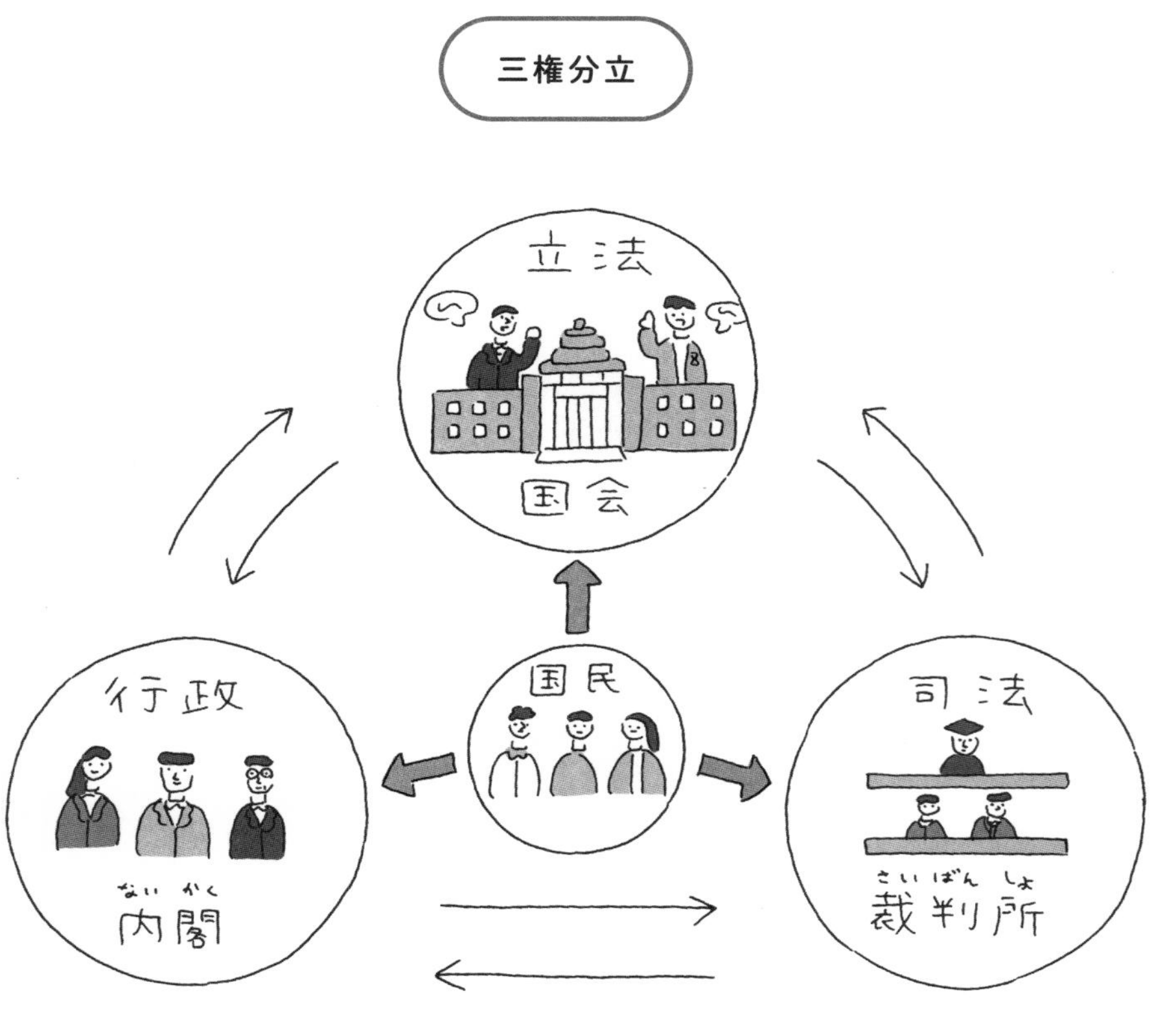


国の権力を立法権・行政権・司法権の3つにわけるしくみを三権分立といいます。国会は、法律をつくったり、変えたり、なくしたりする「立法権」、内閣は、国会が決めた法律や予算にもとづいて政治をすすめる「行政権」、裁判所は、あらそいごとや犯罪を憲法や法律にもとづいてさばく「司法権」を担当しています。

## 議院内閣制

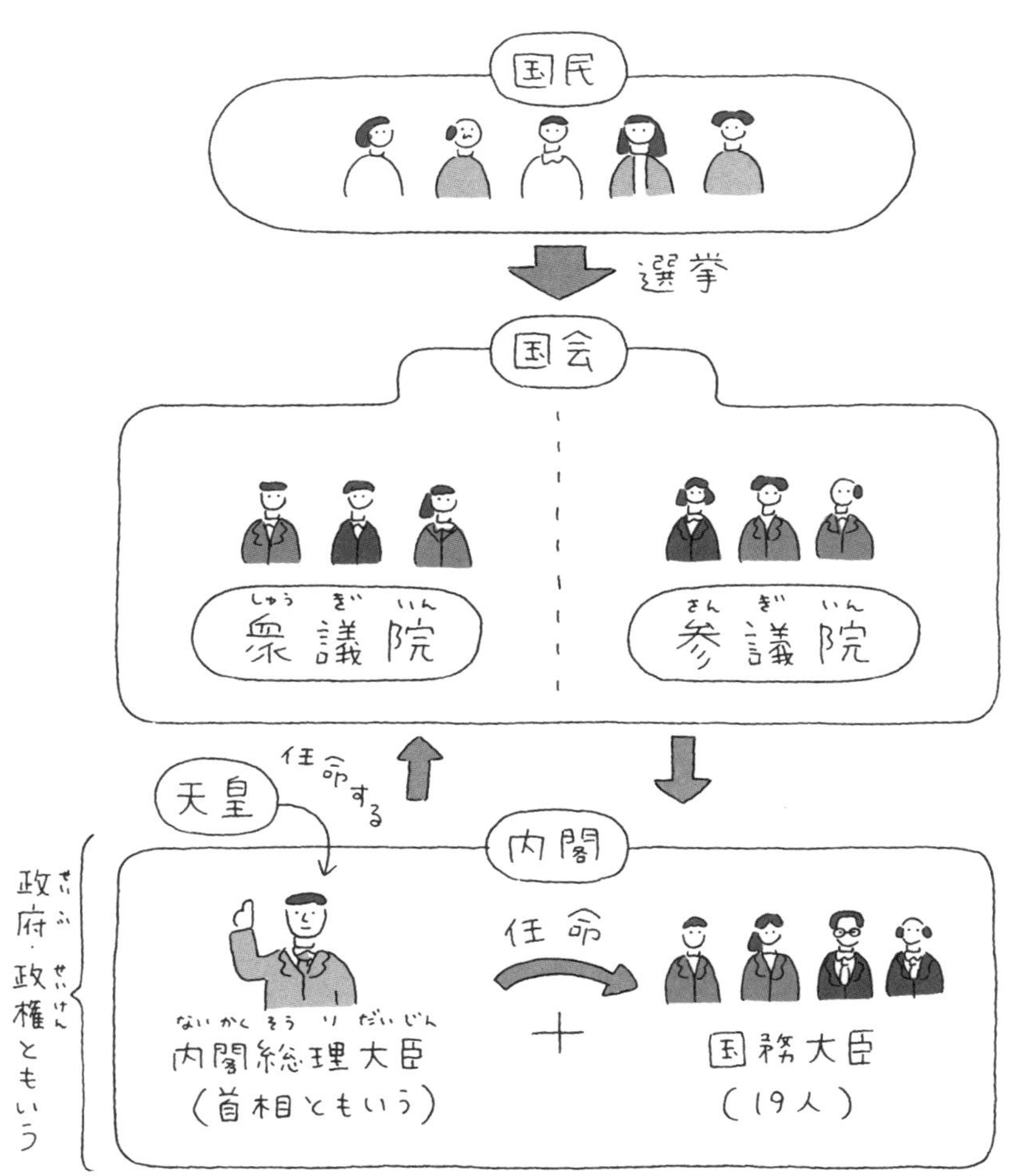


日本では、総理大臣が国民による選挙でえらばれるわけではありません。国民は自分たちの代表として国会議員をえらび、国会議員が総理大臣をえらびます。そして総理大臣が大臣を任命して内閣をつくります。このしくみが「議院内閣制」です。

# 国会のしくみ

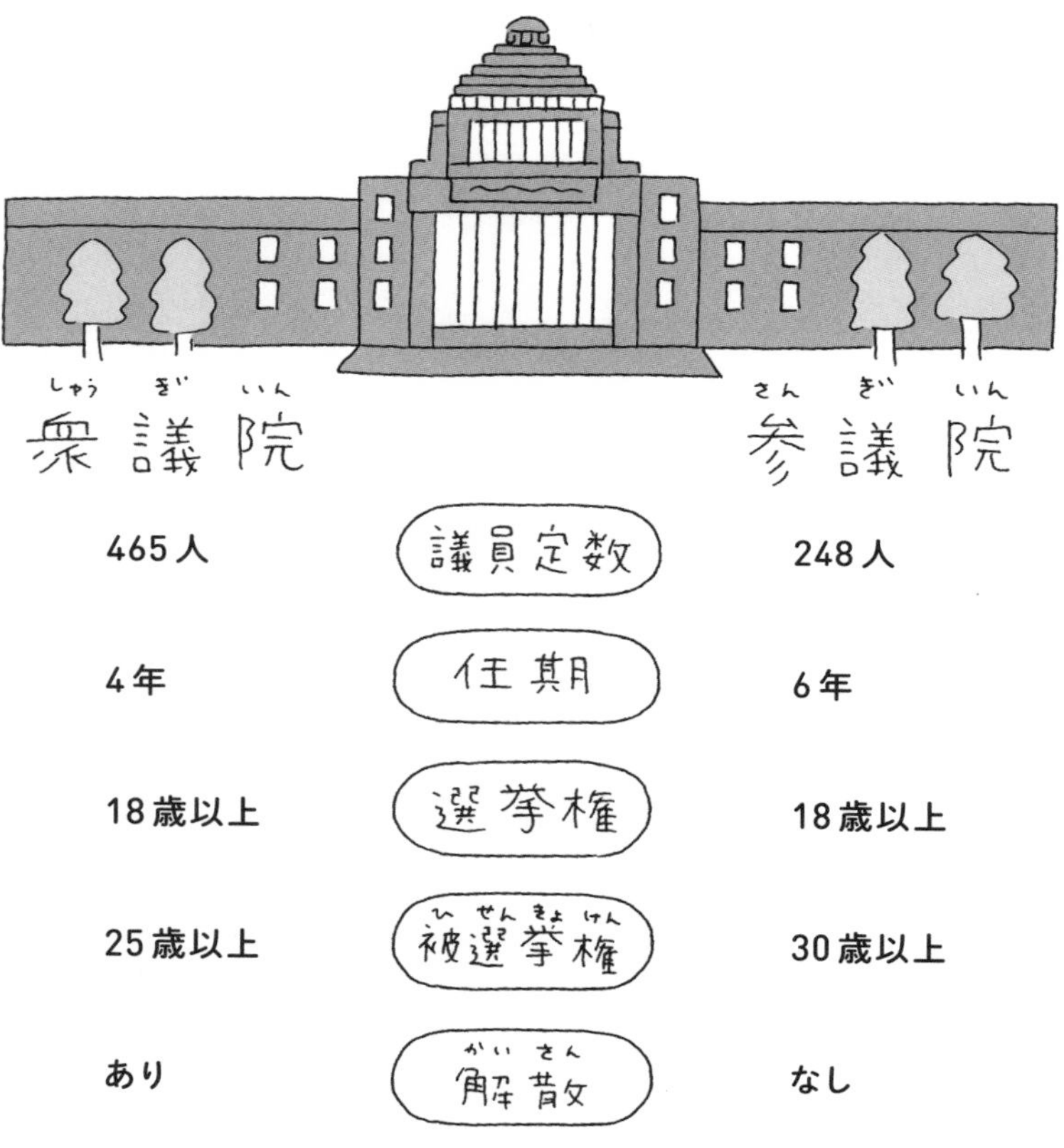


国会には、衆議院と参議院のふたつの議院があります。これを二院制（にいんせい）といいます。衆議院も参議院も、国民の選挙によってえらばれた議員によって構成されますが、任期や選挙の方法にちがいがあります。

## 国会のある1年

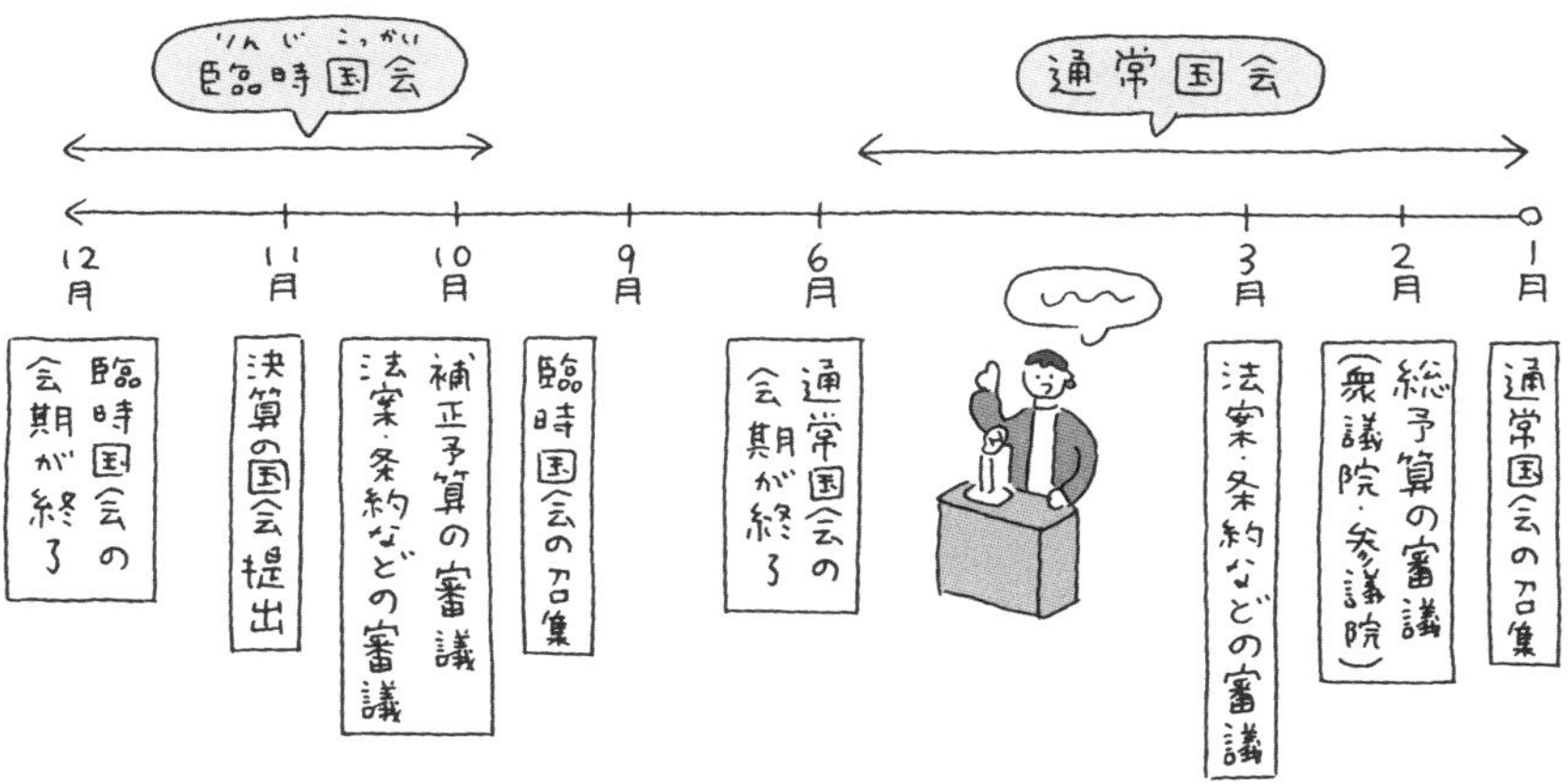


国会がひらかれている期間を「会期」といいます。国会には、会期があらかじめきまっている「通常国会」と、会期があらかじめきまっていない「臨時国会」などがあります。

## 政党とは？

政党とは、おなじ政治的主義・主張をもつ人たちによってつくられたあつまりのこと。政策の実現や、政権の獲得をめざします。政党どうしがくっついたり、分裂したりして、新しい政党ができることもよくあります。

# 目次

# 子どものころのこと

## 戦争のにおい

わたしは、桜の名所である奈良県吉野郡の山あいの町で生まれました。生まれたのは1960年4月28日。

1960年というと、第二次世界大戦がおわってからまだ15年しかたっていないころです。わたしのおじいさんも、戦争に兵隊として行っていました。

父方のおじいさんは、さいごは太平洋の島で亡くなったようです。ある日「召集令状」（赤紙、ともよばれていました）という1枚の

## 子どものころのこと

紙がとどいて戦争に行くことになり、それっきり家族に会うことはありませんでした。遺骨もかえってこなかったそうです。

子どものころをすごした大阪の街にも、戦争のにおいが、まだただよっていました。街角には、戦争で負ったけがで足を切断しつえをついて歩く人や、生活にこまって道行く人にお金をもとめる人など、戦争の影響をうけた人たちがたくさんいました。

また、まだアメリカに占領されたままになっていた沖縄から出かせぎにきた人や、戦争のあいだ日本が植民地にしていた朝鮮半島からつれてこられた朝鮮の人たちも、大阪にはたくさんくらしていました。かれらが、まわりの大人から悪口をいわれたり、じゃけんにあつかわれたりしているのをよく見かけました。

わたしは、「おなじ人間やのに、なんで差別をするんやろうか、ゆるせない」と心のなかで反発していました。そして、そういうことをひきおこした「戦争」って、本当にいややな、とも思っていました。

# 人は変われる？

政治家は演説をしたり、人前で話すことが多いから、いつも堂々としていて、はきはきと話せる人がむいている、と思うかもしれません。たしかに、いまのわたしはそうです（本当は、大きな会議のときや大事な質問をするときは、いまでもドキドキするし、声がふるえることもあるけれど、まわりからは堂々と、はきはきとしているように見えるようです）。

でも、小さなころからそんなふうだったかというと、ぜんぜんそうではありませんでした。たとえば、幼稚園の誕生会でみんなのまえに出たときに、最後まで自分の名前をいえずに、もじもじして泣きだしてしまうような子どもでした。

小さいころは親の商売がうまくいっていなくて、よく引っこしをしていました。

## 子どものころのこと

家族が別々にくらしていたこともあります。小学校に入ったころは、両親は大阪でくらし、わたしは奈良県吉野郡の親せきの家にあずけられていました。親せきの家から小学校にかよっていたのですが、めちゃくちゃいじめられていました。もじもじした性格や、親せきの家に居候している、ということがあったのかもしれません。ぜんぜん理由にはならないけれど。

トイレに入ったら、しつこくのぞかれたり、ものをとられたり。いじめられるのがこわくて学校にいけず、ようやく登校してもおなかがいたくなって、給食も食べられないような日々がつづきました。

はじめのうちは、だれにもいわずに、ひとりでがまんしていました。でも、だんだんたえきれなくなって、勇気を出しておばあちゃんに話しました。おばあちゃんは学校に抗議してくれたけれど、先生たちがなにかをしてくれたような記憶はありません。

それでも、あのときだれかにちゃんといえてよかった。だれにもいえずにがまんしていたら、もっと苦しさがたまっていたと思います。

3年生のとき、生活がすこしおちついた親にひきとられることになり、大阪の高槻市に引っこしました。そこで出会った担任の先生が、内気なわたしの性格を変えてくれました。大学を出てすぐくらいの若い先生で、楽しいことをたくさん思いついて、やってくれる先生でした。

その先生が、ある日、水泳の授業のときに「辻元清美！」とわたしの名前を大きな声でよんで、「こんなのこわくもなんともないぞ！」と、とつぜんわたしをプールにぽーんとほうりこんだのです。

もちろん、すごくびっくりはしたのですが、なにかつきものがおちたような、すっきりした気もちになりました。先生もひっこみじあんなわたしを見て、なにかしてやらないと、と思ったのかもしれません。このできごとのあと、ふしぎなことに、わたしはのびのび走りまわる活発な子どもに変わりました。ずっと苦手だと思っていた体育も大好きになりました。

そんな先生との出会いがあった高槻市の小学校でしたが、４年生のとき、父親がまた商売に失敗。ふたたび転校することになりました。

４年生から６年生までをすごした大阪市立愛日小学校は、大阪のビジネス街のまんなかにある学校でした。公立の小学校ながら裕福な家の子どもが多く、だれもが塾にかよっているような進学校です。一方、わたしは、６畳の部屋で親子４人が生活しているような、まずしいくらしをしていました。家におふろもありませんでした。

もちろん塾にかようお金はありませんし、自分だけの勉強部屋もありません。塾で勉強しているまわりのみんなについていけず、１００点満点の漢字テストで30点くらいしかとれなかったり、まえの学校ではそこそこよかった成績も下がったりしてしまいました。自信をなくして、また暗い子に逆もどりです。そしてついに、４年生の２学期のおわり、母が先生によびだされて「このままだとこの学校ではやっていけないでしょう。ここではむりですね」とつげられてしまったのです。

公立の学校なのに、なんでそんなことをいわれないといけないのか、とかなしい気もちになりましたし、お金もちの家の子どもとまずしい家の子どもとの差を見せつけられたような気もちにもなりました。そのとき母は「清美のどこが悪いのか……」と途方にくれていました。

そんなふうになやむ母を見て、わたしは「ちきしょう！」とふるいたち、その日から、「貧乏な子だってやればできる。見かえしてやるぞ！」と猛勉強をはじめました。塾に行くお金はないので、教科書をまるごと暗記する作戦です。

そのおかげで、４年生の３学期からはすこしずつ成績が上がっていき、６年生では生徒会の副会長にもなりました。そして、学校の１００周年記念行事で、鼓笛隊の指揮をする鼓笛隊長にも任命されました。学校の代表のような役で、とてもうれしかったことをおぼえています。

記念行事の日には、母が親せきに借りたりっぱな着物を着て、わたしの晴れすがたを見にきてくれました。母もわたしも、ほこらしい気もちでいっぱいでした。

でも、その裏では大事件がおこっていたのです。

鼓笛隊長になったとき

## お父さんがいなくなった!

なんと、父が行方不明になってしまっていたのです。またまた商売に失敗した父は、お金を借りてかえせないまま、とつぜんどこかへにげてしまいました。鼓笛隊長になった記念行事の日も「お父さんはきょうはこないの?」といろんな人にきかれました。でもまさか、「借金つくって蒸発してます」というわけにもいかないので「いや、ちょっと出張で……」と、もごもごとごまかしていました。

わたしたちの生活は、ますます苦しくなる一方でした。生活するためのお金をひとりでかせがないといけなくなった母は、保険の外交員としていそがしくはたらき、わたしと弟は毎日、卵だけが入ったうどんを食べてくらしていました。ちなみに、両親はのちに小さなうどん屋をひらくことになります。このときうどんばかり食べていたからうどん屋をひらいたわけではないけれど、なんだかおもしろい縁だなあと思ったりもします。

父がいなくなったとき、母はわたしにこういいました。「女でも手に職をもて」「女も男にたよらずに、自分で生きていけるようにならなあかん」。そのあとも、いつも「女も自立して生きなあかん」と口ぐせのようにいっていました。

## 子どものころのこと

母が結婚したころは、いまよりもはっきりと性別ごとの役割がわけられていました。「女は家にいて、家の外ではたらく男をささえるべき」という考えが、母たちの世代の「あたりまえ」でした。母は、自由がなく、家庭のなかで苦労して泣いている女性を、いやというほど見てきたそうです。母もそんな苦労をしてきた女性のひとりです。手に職をもち自立すれば、男に泣かされずに自由に生きていける、母はそういいたかったのでしょう。

ある日、母がわたしに１冊の本をくれました。市川房枝*さんという人の伝記です。市川さんは、日本に「家制度」というしくみがのこっていた第二次世界大戦

**市川房枝（いちかわ ふさえ）**▼１８９３年愛知県生まれ。女子師範学校を卒業後、教員、新聞記者をへて上京し、１９１９年に平塚らいてうとともに「新婦人協会」を結成。１９２４年、「婦人参政権獲得期成同盟会」創設に参加し、女性の参政権をもとめる運動を展開。第二次世界大戦後、女性の参政権がみとめられると、１９５３年、第３回参議院議員選挙に立候補、当選。その後5期25年にわたって国会議員をつとめた。１９８０年の参議院議員選挙では、全国区で２７８万票をあつめ、トップで当選した。１９８１年没。

のまえの時代から、男女平等をうったえてきた女性です。

家制度は、明治憲法のもとでさだめられた日本の家族のしくみのことです。家制度のもとでは、基本的には家族のなかでいちばん年上の男性が、自動的に「戸主」とよばれるリーダーになります。

そのリーダーが、家族のほかのメンバーの住む場所を決めたり、結婚相手をえらんだりすることがあたりまえでした。女性が結婚相手を自分でえらぶ自由はありませんでしたし、夫が亡くなったあとの財産をひきつぐ権利もなく、参政権（選挙で投票する権利）もありませんでした。

第二次世界大戦がおわったあと、ようやく家制度はなくなりました。新しくできた日本国憲法には、平和主義をうたう憲法9条と、男女平等をうたう憲法14条がさだめられました。

戦争がおわるまえから「平和と平等は手をたずさえてやってくる」と信じていた市川さんは、日本国憲法ができてからも、平和と男女平等の大切さをうったえつづけました。そして、「平和なくして平等なく、平等なくして平和なし」という有名な言葉をのこしています。

また、市川さんは、女性の参政権、女性が投票したり立候補したりする権利をもとめる活動もしていました。戦争のあと女性の参政権がみとめられると、参議院議員選挙に立候補し、当選します。それから25年にわたって国会議員をしていました。

母は、まさかわたしが将来国会議員になるなんて思っていなかったし、なってほしいとも思っていなかったことでしょう。わたしもおなじです。でも、ふしぎなことに、このとき母からもらった市川さんの本は、めぐりめぐってわたしの人生の方向をさししめしてくれる「人生を変えた1冊」になりました。

## 中学受験

さて、そんな小学生時代をすごしたわたしは、「勉強して大学に行く。まずしい生活からぬけだすぞ！」と人生をかけて、中学受験に挑戦しました。

愛日小学校の同級生には、大阪や神戸の有名私立中学校にすすみ、京都大学や東京大学などの有名大学をめざすコースをたどる人が多いようでした。しかし、同級生とちがってわたしの家にはお金がありません。そこで、お金のかからない国立の中学校を受験することにしました。

そのころのわたしの夢は、学校の先生になることだったので、大阪教育大学附属天王寺中学校を受験しました。国語、算数、理科、社会、体育の試験があり、そのあとの面接もとおりました。ところが、当時は、最後に抽選がありました。その最後の抽選で、おちてしまったのです。

## 子どものころのこと

「せまいアパートでまずしい生活をしながら、がむしゃらに勉強してきたのに、最後の抽選でおちるなんて。父がどこにいるのかもわからないままだし、これからどうなってしまうんやろ……」

わたしは、抽選結果を見にいった帰りの電車で、泣きながらたおれてしまいました。はこばれた病院でつげられた病名は、腎盂腎炎。知らないうちに、体も心もつかれきっていたようです。

このとき、不安でおしつぶされそうなわたしを立ちあがらせてくれたのも、母でした。まだ受験にまにあう国立の中学校をさがしてきてくれたのです。それが、いまの奈良教育大学附属中学校でした。

奈良教育大学附属中学校には、ぶじ合格。入学後は、母と弟と奈良県吉野郡の親せきの家に住まわせてもらい、そこから中学校にかよう生活がはじまりました。

通学は、電車を3回のりつぎ、2キロの坂道を歩いてのぼる、片道だけで2時間半かかるきびしいものでした。

でも、奈良教育大学附属中学校での学校生活は楽しく、充実していました。この中学校こそが、いまのわたしの考え方のもとをつくってくれた場所です。おもしろい先生や、気のあう親友との出会いもありました。

## 世のなかを見る目

いまでもおぼえている授業がたくさんあります。社会科の地理の授業でのことです。地理の吉川先生は、はじめての授業の日、黒板にふしぎな絵を描いて「なんに見える？」とわたしたちにといかけました。

「はしごみたいに見えるけど、なんやろか？　地理と関係あるなにかかな？」

答えは「目」でした。先生は、「社会科は世のなかを見る目をやしなう科目だ」といいました。「過去の歴史のさきにある『いま』ここに、わたしたちは存在している。だから世のなかを見るときには、歴史という軸をふまえて見なければならない」と。

地理の授業なのに、中学1年生のわたしたちにむかって、こんなふうに歴史の話をするわけです。地理の勉強もしっかり教えてくれるのだけれど、最後はいつも「人間はみな平等。なのに、この社会の構造は不平等だ」という話に行きつく。

そんな先生でした。

先生が描いた「目」

歴史の佐藤先生は3年生のある日、わたしたちに1枚のシールをくばりました。ベトナム戦争がおわった直後でした。ベトナムは、1960年代はじめから1975年まで、社会主義国のベトナム民主共和国（北ベトナム）と資本主義国のベトナム共和国（南ベトナム）にわかれて戦争をしていました。その戦争が、１９７５年４月30日にようやくおわりをむかえたのです。先生がくばったシールは、ひとつの国になったベトナムのかたちをしていました。「歴史は人間がつくります。きみたちは、歴史の目撃者なのです」という先生の声をききながら、南北の区切りのない新しいベトナムのかたちのシールを地図にはりました。

親友・吉岡達也くんとの出会いもありました。吉岡くんとは、中学校にいるあいだ、ずっとおなじクラスで勉強していました。

ある日、吉岡くんのお母さんが、小田実さんという人が書いた『何でも見てやろう』という本を貸してくれました。その本は、作者の小田さんが世界一周の旅に出て「人間はみな平等」そして「世界は平和でないといけない」ということを見つけていくものでした。

おさないころから「おなじ人間やのに、なんで差別をするんやろう」「戦争っていややな」と感じていたわたしでしたが、『何でも見てやろう』には、そのことがはっきりと書かれていました。夢中になって読み、わたしのなかに平等と平和を守るために生きようという気もちが生まれてきました。小田実さんの本も、市川房枝さんの伝記とおなじように、わたしの「人生を変えた1冊」になりました。

## お父さんが見つかった……！

中学3年生の夏にとつぜん、行方知れずだった父が見つかったという知らせがありました。父は名古屋にいるようでした。どうやら、家族そろって父のいる名古屋に行かないといけないような雰囲気です。

わたしは大好きな中学校をはなれるのがつらく、「名古屋に行きたくない」というのが、正直な気もちでした。でも、「お父さんといっしょにみんなでくらしたい」という弟の希望もあり、わたしが高校に進学するタイミングで、一家は父のいる名古屋へとうつることになりました。

名古屋での高校生活は、中学とはうってかわってどんよりしたものでした。

家にはあまりお金がなく、小学生の弟は学校でいじめられているようです。

わたしの心のなかには、「急に出ていってまた『いっしょに住もう』なんて、お父さんは自分勝手や」と、父に反抗する気もちもありました。

ずっと関西で生まれそだったわたしにとって、名古屋の言葉になじむのもむずかしいものでした。

「クラスメートはみんな名古屋弁なのに、わたしだけ関西弁なんてはずかしい」

関西弁をかくして、むりに名古屋弁をまねしようとしたりしていました。そんなふうだから、のびのびと話せるわけがありません。わたしはまた、明るさをうしなっていきました。

何をするにもやる気がわかず、勉強にも身が入りませんでした。大学受験では、中学の仲間がいる関西にもどりたくて、京都大学を受験しました。でも、無気力であまり勉強をしていなかったから、結果はやっぱり不合格でした。

高校生のころをふりかえると、いわゆる「燃えつき症候群」のような状態だったのだと思います。子どもながらに必死にがんばってきましたが、当時のわたしには「がんばるのもほどほどにせなあかん」といってあげたいです。

## 市民運動との出会い

無気力なまま高校を卒業したわたしは、大学に入るための勉強をつづけながら、名古屋の喫茶店でアルバイトをしていました。そんなとき、大学受験予備校（大学受験のための塾のようなところ）の代々木ゼミナール名古屋校がオープンしました。そこの英語の先生がなんと、吉岡くんのお母さんが貸してくれたあの『何でも見てやろう』を書いた小田実さんだったのです。

「あの本を書いた人だ。この人に会いたい！」

両親に、「代々木ゼミナールの英語の授業だけはどうしてもうけたい」とたのみこみ、願いがかなって小田さんの授業をうけられることになりました。

はじめての授業がおわったあと、講師室に小田さんをたずねました。自分の人生を変えるほどの本を書いた人に会いに行くのですから、すごくドキドキしたし、「わたしなんかに会ってくれるかな」と不安もありました。でも、勇気をふりしぼって、あこがれの人に「この本で人生が変わりました！」とつたえることができたのです。「ちょうど喫茶店に行くところだった」という小田さんにさそわれ、そのままいっしょに喫茶店でお茶を飲みながらいろいろな話をしました。

そのころの愛知県には、先生たちが一方的につくったきびしい校則に生徒たちをしたがわせたり、校則にしたがわない生徒に体罰をあたえたりするような高校があります。先生が生徒を管理する、という意味で「管理教育」とよばれていたやりかたです。

とくに代々木ゼミナールで知りあった友だちがかよっていた高校では、軍隊の訓練のようなことまでがおこなわれていました。その友だちは「そんなやり方はおかしい！」と声をあげていました。

なにかできないかと、わたしたちが小田さんに相談すると、東京からジャーナリストをつれてきて、友だちに取材をし記事にしてくれました。すると、おなじように「おかしい」と感じる人たちや、おなじような体験をしてきた生徒たちが、賛同してあつまってきました。しだいに、ほかのテレビや新聞でも報道されるようになって、社会全体にこの問題が知れわたり、すこしずつ高校が変わりはじめました。

自分が世のなかについて「おかしい」と思うことが、たくさんの人とつながることによって大きな問題としてひろく知られ、よい方向に変わっていくこともあるんだ、ということを、このときわたしははじめて体験しました。

こんなふうに、市民があつまって声をあげ、みんなをまきこんで世のなかを変えていく運動のことを「市民運動」とよびます。

このときのわたしは「市民運動に参加しているのだ！」というような、だいそれた気もちはなかったけれど、気づいたら市民運動のまっただなかにいたわけです。

## 人生のわかれ道

こうして、小田実（おだまこと）さん、そして市民運動と出会ったことが、わたしのその後の人生を大きく変えていきました。

## 子どものころのこと

わたしの人生の大きなわかれ道は、のちほど紹介する市民団体「ピースボート」を立ち上げたことと、国会議員に立候補したことです。でも、いまふりかえると、そのふたつのほかにもいくつものわかれ道がありました。

たとえばもし、わたしが小田さんにあこがれているだけで、会う勇気を出していなかったら、市民運動との出会いはなかったかもしれません。それがなければ、いまのわたしは国会議員をやっていないでしょう。

とくに10代のころは失敗をおそれないで、「この人に会いたい！」とか「こんなことをしたい！」と思ったら、すぐにやったほうがいいと思います。

なにもしないで1日たったら、半分はやらない。やらない理由を考えてしまうからです。1週間もたってしまったら、もうぜんぶやらないことでしょう。

やらない理由はかんたんに見つけることができます。時間がない、経験がない、知識がない、お金がない……。でも、考えてみると、一生のうちに知識も経験も時間も十分にあるお金もちになれる予定がありますか？

あんまりなさそうだし、もしなれたとしても、そのころにはもう50代、60代とかになってしまっていそうです。だったら、やらずに後悔するより、すぐにやってみたほうがいいに決まっています。


思い立ったらすぐ行動する、というので思いだしたことがあります。

わたしの両親は名古屋での生活がおちついたころ、とつぜんうどん屋をはじめました。思いたったらすぐ、それこそ明日からやろう！　みたいないきおいで……。それからがはやかった。

はやっているうどん屋さんに食べにいき、そこのお店の人にうどんを仕入れているところを教えてもらって、うちもお店をやりたいからとつたえると、そこの人から１００万円を借りて、そして冷蔵庫など必要なものをかきあつめ、それでうどん屋をはじめたのです。両親がはじめたそのうどん屋は、それからずっとわたしたち家族の生活をささえてくれました。

　このできごとで、何もないところからでも新しいことにチャレンジできる、ということを知りました。わたしはそんな両親を尊敬（そんけい）しています。


　みなさんも、「会いたい！」と思った人には「どうすれば会えるだろう？」と考えて、ぜひ会いに行ってみてください。「おもしろそう！」と思ったことは、「どうすればできるかな？」と方法をさがして行動してみてください。きっと仲間があつまります。

　最初の一歩をふみだすには勇気がいります。でもその1歩から、世界はひろがっていくのだと思います。

コラム

# 国会議員のなぞ・Q&A　その1

**Q**

国会でねている議員がテレビにうつっていました。ねててもいいんですか？

**A**

あんまりひどいと注意されるけど、じつは、ねていてもしかられることはない。わたしは「公人（公務員や議員など、公的な仕事についている人のこと）だから国会でねちゃダメ」とがまんしてるけど、ねむくなるのも、正直わかるんだよね。

## 国会議員のなぞ・Q&A　その1

というのも、衆議院の本会議がひらかれるのが、ちょうどお昼ごはんを食べたすぐあと、午後1時からなのね。いちばんねむくなる時間帯。国会議員も人間だから、そりゃねむくなることもあるよ。

質問や答弁を「ちゃんときかなきゃ」と思って一生けんめいきくんだけど、あらかじめ書かれた文章を音読するだけの大臣もいて、そんなときは、まるでお経をきいているみたい。うつらうつらしてしまうのも、しかたがないかも。

でも、みんなも学校で授業中にねむくなってもがまんしてるよね。やっぱりよくないことではある。あまりにひどい人もたまにいて、どうかとも思う。

「国会でねている国会議員なんて、けしからん！」と思ったら、選挙でそうでないべつの候補者を応援するのがいいかも。まだ投票ができなくても、政治にかかわるための方法はいろいろあるよ。

## Q

## 子どもが政治にかかわるにはどうしたらいいの？

## A

「わたしだったらこの人に投票するな」「ぼくはこの人のいってることに賛成だな」って考えてみるだけでも、政治参加の第一歩だとわたしは思う。

選挙のときに駅やスーパーのまえで演説している立候補者がいたら、ちょっと立ちどまって話をきいてみよう。その人のいっていることの内容によって、自分に投票権があったら投票したいかどうかを考えてみる。

「この人は、みんなからあつめた税金を、ちゃんとみんなのために役立ててくれるかな？」

「わたしたちの話をきいてくれそうな人かな？」

と、想像してみる。

気になることや、こまっていること、将来にむけて不安なことなんかがあれば、演説している人に直接質問してみよう。子どもが興味があると気づいたら、きっと演説した人もうれしいと思うし、緊張感をもってもらえると思う。

それから、自分の住んでいる市区町村の議会に行ってみるのもおもしろいかも。身近な話題が話し合われていることが多いからね。「傍聴」といって、だれでも議会を見学することができるよ。

**・どんな人たちが議員をしている？**
**・どの政党の議員が何人ずついる？**
**・男性議員と女性議員は何人ずついる？**

などなど、議会の情報をあらかじめしらべてから行くと、より楽しめると思う。いつ会議があるかは、市区町村のウェブサイトでしらべられるよ。

もし、東京に行くチャンスがあれば、国会の本会議も傍聴できるよ。国会を傍聴するのでなくても、国会議事堂のなかを見学することもできる。修学旅行や社会科見学で行く機会があるかもしれないね。

## Q

**国会でヤジをとばすのって、あり？**

## A

「ヤジは議場の華」といわれることもあるほど、ときには的を射る、みごとなヤジもあるのよね。

そういった的確なヤジが入ることで議論がもりあがることもあって（漫才のツッコミみたいなものかな）、ぜったいに「ヤジはなし！」とはいいきれない。

でも、演説の中身とは関係がない、人を傷つけるようなヤジは、意味もないし、もちろんゆるされないよね。

テレビでは、国会でヤジがとびかうシーンがうつりがちだから、いつも悪口のいいあいをしているみたいに見えるかもしれないけれど、その一方で、よい演説や質問はみんなじっくりきいているし、議員みんなの心をうつ演説があったときには、たくさんの議員が党をこえて拍手をおくることもある。

いねむりばかりしている議員もそうだけど、人をののしるヤジをたくさんとばしているような大臣や国会議員の名前は、つぎの選挙までおぼえておこう。「おかしなことをしているな」と思う国会議員を、国民がつぎの選挙でおとすことができるのも、民主主義のおもしろいところだよ。

**国会の傍聴、議事堂の見学**▼衆議院、参議院どちらもおこなっている。本会議の傍聴や、本会議がおこなわれていないときは議事堂などの見学をすることができる。それぞれのウェブサイトに傍聴・見学のしかたが掲載されている。団体で行く場合は、事前の予約が必要。

# ピースボート

## ピースボートとは？

名古屋でアルバイトをしながら、代々木ゼミナールで2年間勉強したあと、わたしは早稲田大学教育学部に合格し、奨学金をもらって大学にかよいはじめました。大学では、仲間といっしょに「ピースボート」というグループをつくりました。大きな船にみんなで乗って、世界じゅうを旅する、そういう船の旅をプロデュースする団体です。

船の旅は時間がかかります。あえてのんびり旅をするあいだに、いろいろな人との出会

## ピースボート

いが生まれ、化学反応がおこったみたいにさまざまなイベントが生まれてきました。平和や人権、地球環境などについて学ぶ講座から、バンドのライブ、船内運動会なんていうのもやりました。

船が港に着くと、船の上でその国の人たちと語りあったり、船をおりて交流したりします。日本と仲の悪い国であったとしても、ピースボートは出かけていきます。かつて日本が交流をやめていたソビエト連邦（いまのロシア）、中国、北朝鮮にも行きました。

わたしたちは、「情報がないなら、何が本当なのかを自分の目と耳でたしかめよう。国どうしがいがみあっていても、人と人がつながれば戦争は起きづらい」という思いで活動していました。

合い言葉がふたつあって、ひとつは「過去の戦争を見つめ、未来の平和をつくる」。ピースボートは、その名のとおり、「平和の船」なのです。

もうひとつの合い言葉は、「みんなが主役で船を出す」。

船を出すのは大変です。みんながあつまらないと、大きな船はうごかせない。性格も、考え方も、とくいなことも、それぞれちがう人があつまって、ジグソーパズルみたいなイメージで活動するうちに、船を出す仲間も、いっしょに旅に出る人も、どんどんふえていきました。

１９８３年にアジアの国々をまわることではじまったピースボートは、その後、「地球一周の船旅」へと成長しました。

## ピースボートは民間外交

わたしが仲間とピースボートを立ちあげるまでのことをふりかえってみましょう。１９８１年に大学に入学したわたしは、学校の近くにアパートを借りて、奨学金とアルバイトで生活していました。

## ピースボート

そんなとき、代々木ゼミナールで先生をしていた小田実さんが参加していた、ある国際会議のお手つだいをすることになりました。東京に進学していた中学時代の親友、吉岡くんもいっしょです。

この国際会議でのボランティアをきっかけに、わたしと吉岡くんは、「平和運動」とよばれる、戦争のない平和な世界をめざす市民運動に参加するようになりました。

ただ、そのころの平和運動の中心にいた人たちは、おじさんばかり。男性たちがこぶしをつきあげながら大きな声でスローガンをさけぶ「平和運動」は、若いわたしたちにはあまり合いませんでした。しだいにわたしたちは、自分たちに合う運動をはじめたい、と思うようになりました。

市民運動をはじめるには、たくさんの人たちに共感してもらわなくてはなりません。やっている自分たちが「楽しい」と思えないとつづかないので、それも、大事です。

「若い人も参加しやすい平和運動がしたいね。わたしたちがうごくことで社会が変わる手ごたえがあるような平和運動って、どんなだろう？」

吉岡くんたちと、毎日のように相談していました。

そんなとき、小田さんたちが計画していた「平和の船を出す」という企画がなくなってしまったという話を耳にしました。小田さんたちは、日本のまわりの国々に行って現地の人たちと交流することで、平和を実現できると考えていました。

ある国の市民と別の国の市民が交流することを、「民間外交」といいます。

人が交流して、ものや情報がやりとりされるなかで生まれるものはなんでしょうか。たとえばいま戦争をしているある国のなかで「この戦争は正しい」というニュースや教育があったとします。そのとき、外からきた人たちからきいた情報をもとに「戦争はまちがっているかも」と、ちがう見方が生まれることがあるかもしれません。

人やもの、情報が入っていくことで、その国にいる人たちの判断材料がふえるんですね。国と国とが対立していても、人と人とが友だちになれば、相手からいろんな情報がつたわるものです。

## ピースボート

小田さんたちは、当時日本と対立していた国々にも船で出かけていって、民間外交をしようとしていたのでした。でもその企画は、実行できないままなくなってしまうところだったのです。

「小田さんたちの企画を、平和（peace）の船、『ピースボート』という名前でわたしたちなりにやってみない？」

そのころは、世界じゅうの国々がソビエト連邦側とアメリカ合衆国側にわかれて「冷戦」とよばれる対立をしていた時代でしたから、世界の海には、なわばりを守ろうとする軍艦がいっぱいいました。

戦争のための船、War Boatがたくさんいるなかで、ひとつくらい「平和な世界をつくろうよ！」とよびかけるPeace Boatがあったっていいじゃない。それに、世界にはジグソーパズルのPieceみたいに、いろんな個性をもつ人がいます。「ピースボート」は、わたしたちをあらわすのにぴったりな名前だと思いました。

わたしの提案に、吉岡くんをはじめ、3人の仲間が賛成してくれました。当時わたしは22歳でした。

## 船を借りる

わたしたち4人のまえに立ちはだかった最初の壁は、船を見つけることでした。その当時、日本の会社で、お客さんをのせて世界をまわれる大きな船をもっているのは、商船三井客船という会社だけでした。商船三井客船は、日本の船会社のなかでも有数の大きな会社です。そんな大企業が、はたしてお金も信用もない

## ピースボート

わたしたちに船を貸してくれるでしょうか？

できたばかりのピースボートは、だれにも知られていない、お金もぜんぜんない団体でした。そんな人たちが「船を借りたい」といっても、貸してくれるわけがありません。最初は話もきいてもらえず、門前ばらいでした。

でも、わたしたちには情熱と時間だけは十分にありました。だったら、そこをアピールするしかありません。「わたしたちにお金はありません。でも、情熱と時間、そして将来があります。わたしたちの将来を買ってください！　それに、平和をテーマにアジアを船でまわることは、会社のイメージアップにもつながるはずです」と売りこみました。

最初は相手にもされなかったのですが、なんどもなんどもお願いにいっているうちに、とうとう「じゃあ、船は貸してあげます。そのかわり、お金はしっかり払ってください」といってもらえました。

「ようやく船が借りられる！」

よろこんだのもつかのま、金額をきいておどろきました。いくらかというと、「1日６００万円」。20日間借りる計画だったので、ぜんぶで1億２０００万円！　そんなお金、わたしたちがもっているはずがありません。もっていないなら、どうにかしてあつめなくては……。

　ちえをしぼり、まずは「参加者がたくさんあつまれば、参加費で払える」と考えました。旅費がひとりあたり20万円だとすると、６００人あつめれば1億２０００万円になります。

　人をあつめるのと並行して、どうにかして値段を下げてもらえないか、ふたたび交渉することにしました。

　子どものころなんども商売に失敗する両親を見て身につけた商売人の力が、このとき役に立ちました。わたしたちは、台風のシーズンに目をつけました。台風の多い時期は、船がゆれたりして快適な旅はできないので、だれも船旅など行きたがりません。船にとってのシーズンオフです。

## ピースボート

つかう人のいないシーズンオフのあいだ、船を港にとめておくだけでもお金がかかります。ただとめておいて港にお金を払うよりは、安くても船を貸しだして港から出してしまったほうが、とめておく費用を節約できる分、船会社にも得なはずです。この時期に船を借りることで、どうにか安くならないかと考えました。

また、20日間という日程もちぢめることにしました。そうして交渉をかさねるうちに、値段はどんどん下がっていって、９月２日から12日間、３５００万円で船を貸してもらえることになりました。おなじころ、わたしたちピースボートが企画した旅を主催してくれる旅行会社も見つかりました。

ところがここで、第２の壁が立ちはだかりました。

６００人どころか、１６０人くらいしか参加者をあつめられなかったのです。

参加費をかきあつめても、３５００万円には足りません。

こうなったら、もう１回交渉するしかありません。

横浜から出港した、第１回のピースボート

「将来につなげますから、船を貸してください！」

ねばりにねばって、２３００万円で船を貸してもらえることになりました。こうしてとにかく船を出せることになったのです。

１９８３年９月２日、横浜港から出港。記念すべき第１回のピースボートは、グアムからサイパン、テニアン島、硫黄島など、太平洋戦争ではげしいたたかいがくりひろげられた場所をまわりました。

## 手塚治虫さんにのってもらう

なんとか第1回目の船を出せたものの、わたしたちはがんばりすぎて、みんなふらふらになってしまいました。

でも、船にのってくれた人たちからの「また、船を出してください」「戦争をしないために、もっといろんな国をまわりたい」という声が、たくさんわたしたちにとどきました。「継続は力なり」という言葉がありますが、1回でやめてしまうなんてもったいない。わたしたちは、第2回の船出にむけてうごきはじめました。

2回目は、もっとたくさんの人にのってほしい。わたしたちがひねりだした作戦は、「有名人にのってもらう作戦」。有名人とおなじ船で旅ができるとなれば、参加者もたくさんあつまるはずです。では、だれにのってもらおうか？

2回目のピースボートでは、わたしたちは中国に行きたいと考えていました。

そのころの中国では、手塚治虫さんが描く『鉄腕アトム』が大人気でした。未来を舞台に、10万馬力のロボット少年・アトムがかつやくする漫画です。アトムは日本でももちろん大人気でした。だったら、手塚治虫さんに乗船してもらおう。手塚さんといっしょに船にのりたい人は、きっとたくさんいるはずです。

でもはたしてのってもらえるでしょうか？　手塚治虫さんといえば、日本で知らない人はいない漫画界の大物です。ダメでもともと。わたしたちは、事務所にお願いに行きました。

当然のように、「なんですか？　ピースボートって。先生はおいそがしいんですよ」と、おいはらわれてしまいました。しかし、やると決めたからには、そうかんたんにあきらめるわけにはいきません。毎日のように、事務所にかよいました。

いつものように事務所のまえで手塚さんをまちぶせしていたある日、ついに話をきいてもらうチャンスがめぐってきました。事務所から、手塚さんが出てきたのです。

タクシーにのりこもうとする手塚さんに、「わたしたち、ピースボートという平和の船を出していて、つぎは中国へ……」と必死にうったえました。すると、おどろいたことに、手塚さんがわたしたちをタクシーにのせてくださったのです。

タクシーのなかでわたしたちは、中国で『鉄腕アトム』が人気だということ、日本軍が侵略した歴史をもつ中国で漫画大会をひらいて「不戦の誓い」をしたいのだということを、熱をこめて話しました。

そしたらなんと、手塚さんから「行きましょう」という言葉がとびだしました。横にいたマネージャーさんは、「先生、だめですよ！」と青ざめています。

手塚さんは、

「ぼくの父は職業軍人でした。日本は中国にひどいことをしたのに、その国でアトムが愛されているんですね。むかし迷惑をかけてしまった中国にぼくが行くことで、よろこんでもらえるのであれば、うれしいことです」と、こころよく話をうけてくれたのです。しかも「旅費は自分でもちます」と。手塚さんがのることになった2回目のピースボートは、大人気でした。すぐに満員になり、ピースボートの信用もたちまち上がりました。

目的地の中国、上海では、『孫悟空』で知られる漫画家の厳さんをまねいて「不戦の誓い　日中漫画大会」をひらきました。手塚さんとふたりで、漫画と平和について語りあう対談です。

漫画大会のおわりには、おなじ紙に、左右からふたりがひとつの絵を描きました。鉄腕アトムと孫悟空が握手している絵です。絵には、「不戦の誓い」のメッセージがこめられています。

ピースボートにのったみんなで集合写真

## 地球山手線へ

ピースボートをはじめたころは、まだ船はアジアをまわっていただけでした。でも、わたしたちの夢は、ピースボートで地球を一周することでした。ＪＲの山手線が東京をいつもぐるぐるまわっているように、ピースボートがいつもぐるぐる地球をまわっているというイメージから、わたしたちはそれを「地球山手線」とよんでいました。

どうにか「地球山手線」の夢を実現したくて船をさがしたら、ギリシャに協力してくれそうな会社を見つけました。
ギリシャといえば、平和の祭典、オリンピックが生まれたところです。そのうえ、その会社の社長は、パレスチナの子どもたちへの支援をつづけているような人でした。わたしたちの「平和の船」にも共感してくれそうです。

「この人にかけあってみよう」

わたしたちは、ギリシャへととびました。最初は「日本からなんだかわけのわからない若者がきたぞ」というようすで、船なんか貸してもらえない雰囲気でした。でも、ねばり強くピースボートの目的をつたえて「力を貸してほしい」とうったえたら、最後には船を貸してもらえることになったのです。地球山手線の夢は、こうして実現しました。

思えば、子どものころからいつか世界一周をしてみたいな、と夢見ていました。その夢が、このときかなったのです。チャレンジしないでいたら、夢は夢のままだったと思います。

どうして実現できたのかな、と考えてみると、まず、言葉にしたことがあります。こういう世界一周をやりたい、船を出したい。いろんな人に、こういうことがやりたいんだけど、それができたら、つぎはこういうことがやりたいんだけど、と発信していくうちに、だんだん自分のなかで、意志がかたまっていったような気がしました。

言葉にしていうのは、やっぱりはずかしさはありました。まわりの人からは「できそうにないよな……」とか、「いうのはタダだからな～」なんて、思われていたでしょう。でも、勇気を出して「口に出す」という1歩をのりこえたことで、夢が言葉になり、言葉が意志になっていきました。

言葉が意志になったら、つぎは行動です。「いっしょにやらない？」って人をさそったりとか、あの船貸してください、とお願いしてみたりとか。行動しはじめると、最初はひとりだったのが、ふたり、3人、4人と共感してくれる人がふえて、だんだんつながりが生まれて、仲間ができてきました。

そのなかで新しい出会いもありました。「わたしもそういうことやってみたい」とか「うちの国にもきてちょうだい」とか、つぎつぎにつながりができました。そうすると、そのつながりが力になっていきます。そうやって、ものごとが実現していったのです。

よく「夢（ゆめ）みたいなことばかりいって……」といわれていました。でもわたしは、年をとっても、一生夢みたいなことをいいつづけられる人間になりたい、そう思いながらピースボートをやっていました。

ピースボートは、いまでも世界の海をめぐっています。

## ピースボートでの対話

## ピースボート

広島におとされた原子爆弾で被爆した沼田鈴子さんという方に、ピースボートにのってもらったときのことです。わたしたちはその航海で、ハワイの真珠湾（パールハーバー）に立ちよろうと計画していました。

真珠湾は、日本軍がアメリカ軍を攻撃した「真珠湾攻撃」で知られる場所です。太平洋戦争は、１９４１年12月８日の真珠湾攻撃からはじまり、１９４５年８月６日に広島、９日に長崎へ原爆が投下され、８月15日におわりました。

ピースボートで真珠湾に入港したとき、沼田さんと、真珠湾攻撃で家族をうしなったアメリカ人の方が対談をしました。太平洋戦争の被害者であるふたりが、おたがいの戦争体験を語りあったのです。

戦争中、沼田さんは日本で「鬼畜米英」（アメリカやイギリスはひどいことをする国）と教わっていました。一方、アメリカでは、「アメリカが原爆をおとしたおかげで、長い戦争がおわった。アメリカは正しいことをした」と教えられてきました。

でも、この対話をとおして、それぞれが教わったこととはちがう風景が見えてきました。

ふたりとも、戦争のせいで傷つき、つらい思いをしてきたのはおなじです。「戦争の被害は、ふつうの人たちにふりかかってくる」という悲しみとくやしさを共有していたのです。

ふたりは、対談をきいていた人たちの心にも、「正しい暴力なんてない」というメッセージをとどけてくれました。

ピースボートで世界をめぐるあいだ、そんな対話がいくつも生まれました。

船の上で、イスラエルとパレスチナの若者の和平会議をひらいたこともあります。戦争の被害にあったパレスチナの子どもたちに、日本から薬をとどけたりもしました。またあるときは、日本であつめた援助物資を、戦争でたくさんの人が亡くなったカンボジアにとどけました。物資のなかでも、電気のいらない足ぶみ

たちよったベトナムで、民族衣装のアオザイを着て

ミシンはとてもよろこばれました。

日本が戦争に参加しなくなったあとも、中東やアジアでは、戦争がつづいていました。そして、被害にあうのはいつも、争うことを決めた人たちではなく、ふつうの市民たちです。ピースボートでそういった国や地域をおとずれるたびに、わたしたちは、憲法9条に書いてある「戦争の放棄」の意味をかみしめました。

そして、世界のどこに行っても、「ヒロシマ」と「ナガサキ」を知らない人はいませんでした。世界でたったひとつの戦争被爆国である日本だからこそ、まっさきに「核兵器をなくそう」と発信していくべきなのだと思いました。

ピースボートはいま、「核兵器廃絶国際キャンペーン（ＩＣＡＮ）」という国際団体のアジア唯一の国際運営グループとなっています。ＩＣＡＮは、世界じゅうのＮＧＯや核兵器の被害者と協力して、核兵器をなくすための活動をつづけています。２０１７年には、ノーベル平和賞を受賞しました。

## NPOってなに？

１９９２年、ブラジルのリオデジャネイロで「国連環境開発会議（地球サミット）」がひらかれました。地球サミットは、地球環境の保護について話し合い、「宣言」や「条約」などの国際的な約束をした会議です。

ピースボートにのって世界の美しい海を目にし、地球をいとおしく思ってきたわたしたちは、地球環境の保護にも大きな関心がありました。わたしは「政府といっしょに国際会議に参加しよう！」とほかの市民団体にもよびかけ、「92国連ブラジル会議市民連絡会」の一員として地球サミットに参加しました。

地球サミットでは、日本とほかの国との大きなちがいに衝撃をうけました。とくにヨーロッパの国々はもともと環境保護運動がさかんで、市民団体もたくさんあり、政府と市民団体が一体となって代表団をくんで参加する国もありました。

ところが日本政府は、市民団体や社会運動を「政府と対立する存在」であるかのようにあつかっていました。一部の団体を会合に出られないようにしようとしたほどです。

ピースボートをはじめ、地球サミットに参加した市民団体は、社会問題を解決しようとする民間の人のあつまりです。当時、日本でも市民活動がもりあがっていました。市民活動で世のなかがうごき、よくなったこともたくさんあったはずです。それなのに、政府と協力することもできないし、のけものにされることすらある。そんな状態でした。

「日本とほかの国とで、市民団体のあつかいがこんなに大きく変わるのは、なぜだろう？」

地球サミットで疑問に思ったわたしは、そこではじめて、「ＮＰＯ」という言葉を知りました。

「ＮＰＯ」とは、企業のようにお金をもうけてわけあうことを目的にするのではなく、社会的な課題を解決するために活動する民間の団体です。「Non-Profit Organization（非営利団体）」の頭文字をとって、ＮＰＯとよばれています。

ほかの国の市民団体が、地球サミットで政府と協力して対等に活動できていたのは、ＮＰＯとしてきちんとした組織だとみとめられていたためでした。

「日本にもＮＰＯのしくみができれば、日本の市民団体も社会から信用されるようになる。ちゃんとした立場のある仕事になる！」

地球サミットから帰ったわたしたちは、「ＮＰＯという存在を正式にみとめてもらうための法律、ＮＰＯ法を日本にもつくろう！」とよびかける活動をはじめました。

## 阪神・淡路大震災

地球サミットから約３年後の１９９５年１月17日、関西を巨大地震がおそいました。この兵庫県南部地震（阪神・淡路大震災）は、日本ではじめて最大震度７を記録した地震です。マグニチュード７・３。近畿地方のひろい範囲に被害がおよびました。なかでも、震源地に近い神戸市の被害は大きく、地震による火災も発生し、たくさんの人が家族や家をうしないました。

ピースボートや市民活動の仲間はすぐにあつまって神戸市長田区にボランティ

ア村をひらき、避難所を手つだったり、必要なものをとどけたりする活動をはじめました。地震で線路がこわれたり道路ががれきでうもれたりしていたので、ものをはこぶのに電車や車はつかえません。でも、わたしたちには船があります。船を借り、海から避難所に支援物資をはこびました。

「すこしでも被災地のたすけになりたい」と、震災の被害に心をいためたたくさんの若者が全国から神戸にあつまってきました。そのあと1995年は「ボランティア元年」とよばれるようになりました。

でも、当時のボランティア団体は「単なる個人のあつまり」というあつかいでした。たとえば、役所の職員とボランティアのメンバーが、おなじ救助現場でおなじようにけがをしても、治療費が出るのは役所の職員だけです。ボランティアのけがは「自己責任」とされていました。

ボランティア団体が、法律でみとめられた団体ではなかったことから、治療費を補償する保険に入ることもむずかしい状態でした。また、市民団体では団体の

## ピースボート

名前で銀行口座もつくれず、事務所を借りるのさえもひと苦労。活動がうまくまわらないこともありました。

「さすがにあんまりだ」

そんな声が大きくなって、阪神・淡路大震災のあとから一気に「ＮＰＯ法をつくろう」という動きがもりあがりました。

このころのわたしは、大学を卒業したあともそのままピースボートの仲間たちと、さまざまな市民活動に打ちこんでいて、いそがしい毎日を送っていました。

ピースボートを立ちあげてから、気づけば10年以上の月日がながれていました。

コラム

# SNS・デマに注意！

いまは、だれもがインターネット、とくにSNSをつかって自分の考えや情報をひろく発信できます。わたしももちろん、SNSをつかっています。

自分が考えていることを説明したり、演説会などの予定をお知らせしたりするのにも便利です。ほかにも、街角で演説すると、遠いところにくらす人にはききにきてもらえないけれど、SNSで配信すれば、どこからでもきいたり見たりできるのもいいなと思います。政治家が活動できる範囲がひろがったような感じがしています。

「SNSがあってありがたいな」と思う反面、ちょっとこまったことも起きています。事実とはちがううわさ話や、にせの情報を悪意をもってながす、いわゆる「デマ」があることです。

たとえば２０１６年に起きた熊本地震のとき。地震の直後に「熊本の動物園からライオンがにげだした」というデマがＳＮＳに投稿されました。またたくまにひろがってしまい、地震で不安な気もちでいた現地の人たちを、よりこわがらせることになりました。

わたしも、うその情報がながされたり、写真を加工して悪いニュースをでっちあげられたりして、ＳＮＳで大拡散されたことがありました。だまって見ているわけにはいかないので、けしてもらうようにもとめたり、裁判を起こしたこともあります。でも、ＳＮＳのこわいところは、そんなことをしているあいだにも、ものすごいスピードでうその情報がひろがって、これを本当のことだと信じる人が出てきてしまうことです。

あるとき、街頭演説をしていたら、ひとりの男の人がなにかをさけびながら

## コラム

近づいてきました。秘書がとめに入っても、その秘書をつきとばしてマイクをうばおうとしてきました。あとからきくと、わたしについてのデマ*をインターネットで見て、信じこんでいたそうです。

べつのときには、まどガラスをわって事務所に侵入した人もいました。その人もSNSで見たデマから、わたしのいる立憲民主党を「日本をおとしめる存在」だと思いこんだというのです。

SNSは、つかいかたによっては、デマをひろげて政治をゆがめてしまいます。また、差別的な言葉や悪口で、人の心をぼろぼろにしてしまうこともあります。わたしも、「たくさんの人がデマを信じているかも」と、おいつめられたような気もちになって、外を歩くのもこわいときがありました。

ちょっと過激だな、本当かな、と感じる投稿を見たら、そのまま信じないで、新聞やニュースなど、信頼できるものでたしかめることが大事です。また、もしこれを読んでいる人のなかにSNSでデマをながされて苦しんでいる人がいたら、自分ひとりでかかえないで、かならずSOSを出してください。そして、まわりの人に相談してください。わたしだって、顔の見えない大量の悪意には、とてもひとりでは立ちむかえません。

EU（欧州議会）は、こういった問題に対処するために、SNSを運営する会社に、モニタリング（監視）などの義務を課す法律をつくりました。違反すると、たくさんの罰金を払わなくてはいけません。

日本でも、いろんな政党の議員があつまって、インターネットやSNSをつかった差別的な表現やデマを規制する法律をつくろうという動きがあります。「SNSとデマ」という新しい問題に対応し、解決していくのも、政治の仕事です。

わたしに関するデマがあまりにもたくさんインターネット上にあふれていたので、自分の公式ウェブサイトに説明するコーナーをつくりました ▼ https://www.kiyomi.gr.jp/dema/

# 国会議員になる

## 国会議員になってからいままで

わたしは、1996年にはじめて選挙に出て当選し、国会議員になりました。

最初の選挙では、社会民主党（略して「社民党」とよびます）から衆議院議員選挙に立候補しました。比例代表です。

それから27年。議員を任期のとちゅうでやめたり、選挙におちて議員をつづけられないこともあったりしました。そのたびに、こんどこそもうだめだ、と思いながらも、いまも国会議員としてはたらいています。

# わたしの議員年表

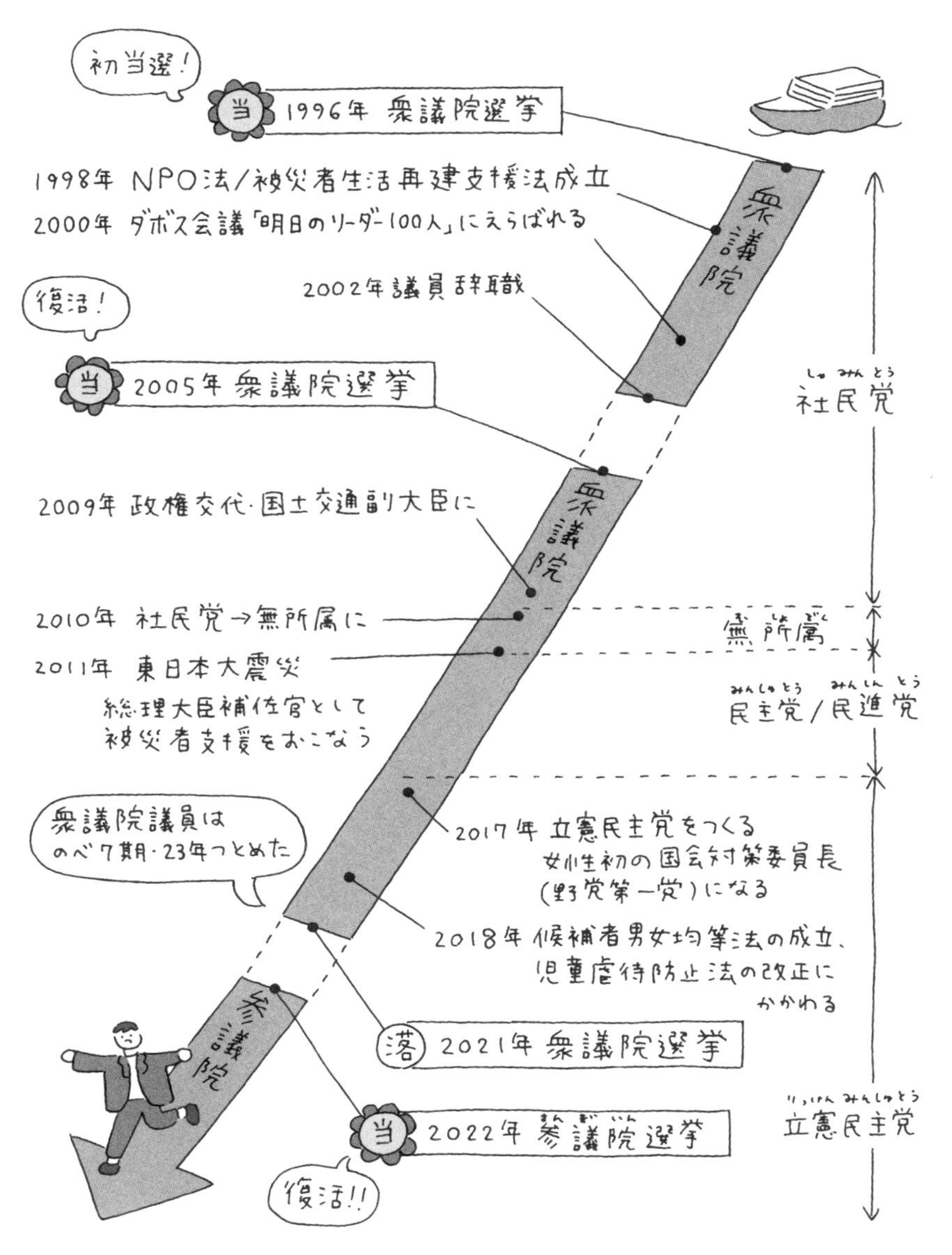


●いままでに国会で質疑をした数…311回、提出した質問主意書…268本（2023年12月31日現在）

## 棚からぼたもちも、おちるところにおらな、おちてけえへん

みなさんがいちばん知りたいのは、どうして最初の選挙に出ることになったか、かもしれません。ピースボートで市民活動をしていたわたしが、どういうわけで国会議員になったか、です。

わたしがピースボートの活動でいそがしい毎日をおくっていたころ、政治の世界では、社民党分裂という大事件が起きていました。

社民党はもともと、日本社会党（社会党）という政党でした。第二次世界大戦のあと、労働者による市民運動、労働運動にかかわっていた人たちが中心となってつくった政党です。その社民党が、まっぷたつにわかれてしまいました。１９９６年のことでした。

社民党をはなれたメンバーの多くは、新しく民主党という政党に参加しました。

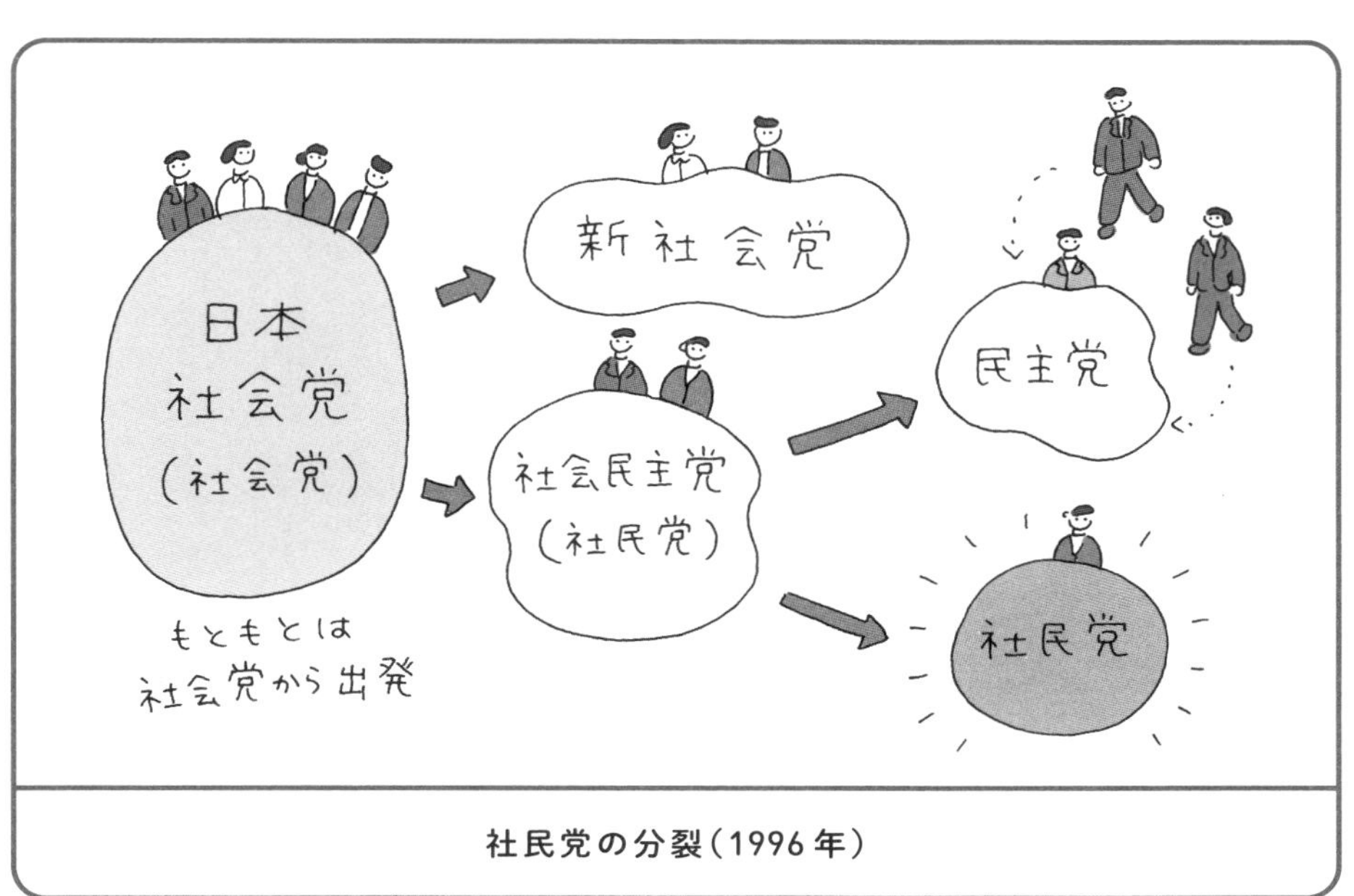


社民党の分裂（1996年）

それまで社民党を応援していた労働組合などのグループも、分裂してからは民主党を応援するようになりました。

社民党にのこったメンバーは、ほんのすこしだけ。リーダーは、土井たか子さんという女性議員でした。まだほとんど女性議員がいなかったころに初当選し、女性ではじめて衆議院議長になった人です。市民運動をしていたわたしたちからすれば、あこがれの人でした。

じつはわたしは、学生時代に土井さんと会ったことがありました。ピースボートをはじめるまえのことです。そのころ、広島と長崎におとされた原子爆弾のような核兵器に反対する「反核運動」が、世界各地でさかんにおこなわれていました。

ある日、ボランティアの帰り道にとおりかかった代々木公園で、反核フェスティバルがひらかれていました。そこでとりわけ目をひいたのが、おそろいのTシャツを着てチラシをまく女性たちです。「なんだか楽しそう！」興味をひかれてチラシをうけとると、お昼ごはんにさそってくれました。

そのとき出会った女性たちは、「アジアの女たちの会」というグループのメンバーです。彼女たちとごはんを食べながら、わたしは話に耳をかたむけました。女性差別など、いまでいうジェンダー問題を中心にとりくんでいる会でした。小学生のころに市川房枝さんの本を読み、母にそだてられるなかで、「男女のあいだには不平等がある」と感じていたわたしは、彼女たちの話にすっかりひきこまれました。なんだか、スイッチが入ったような感じです。

「わたしも会に入ります！　どこに行けば申しこめますか？」ときくと、むかいにすわっていた女性が、「うちの事務所に申込書がありますよ」と教えてくれました。

つぎの日にむかった「事務所」は、国会議事堂の裏にある議員会館、国会議員の事務所があつまるたてものでした。そして、あのときのお昼ごはんで、「むかいにすわっていた女性」こそ、土井たか子さんだったのです。当時すでに、土井さんは国会議員をしていました。

## 国会議員になる

土井さんはもともと、憲法学を専門に研究していた学者で、憲法9条が平和を守るためにかかせないものだと信じていました。そんな土井さんがひきいる社民党が小さくなったということは、憲法9条を守り、平和な世界をめざそうとする党が小さくなったということでもあります。社民党は、いっしょに平和な世のなかをもとめる政治家をさがしていました。

土井さんはまた、「日本の国会に女性議員をふやしたい」と切実に願っていました。「女性初の総理大臣にいちばん近づいた人」といわれていた土井さんには、「女性初の衆議院議長」「女性初の政党党首」と、いつも「女性初」の肩書きがついてまわりました。土井さんはよく、こんなことをいっていました。

「『女性初』なんて、早くなくなってしまえばいい。女性が国会で仕事をしている光景があたりまえになるような世のなかをつくりたい」

そんな土井さんの秘書さんから、ある日わたしに1本の電話が入りました。忘れもしない、1996年10月1日のことです。手つだってほしいことがあるといわれ、事務所に行くと、秘書さんはこういいました。

「今回の衆議院議員選挙に社民党から立候補してほしい」

しかも「明日までに返事がほしい」というではありませんか。

正直なところ、ええええ〜〜〜〜!!　と思いました。意外とカジュアルにさそわれるんだなとおどろきもしました。しかも明日までに決めないといけないなん

## 国会議員になる

て……！　わたしにも予定というものがあります。

ピースボートや阪神・淡路大震災でのボランティアなどの市民活動をとおして、たしかに政治の問題に気がつくようにはなっていました。でも、自分が政治家になるなんて、いちども考えたことはありません。

びっくりしたわたしはまず、ピースボートの仲間に相談しました。賛成する意見も、反対する意見もありました。でも、あるメンバーがこういったのです。

「やろうよ！　これまで市民運動で『法律をつくってほしい』とうったえてきたけれど、ぜんぜんすすんでいないじゃないか。自分が国会に行って、自分で法律をつくればいい」

たしかに彼のいうとおりです。とくにＮＰＯ法が必要だ、とずっと運動をしてきました。でもぜんぜん実現に近づいた気がしません。

それでもまだ、なかなか決断できません。

「政治の世界ってドロドロしたイメージがあるしなあ。わたしにつとまるんやろか……。実際のところどうなんやろ？」

そこで、政治の世界にくわしいジャーナリスト、筑紫哲也さんにきいてみることにしました。筑紫さんは、ピースボートになんどか家族でのってくれたことがあります。「じつは選挙に出てほしいという話がきていまして……」と相談すると、答えはすぐにかえってきました。「やれ！」のひとこと。理由は、「日本の国会に女性議員をふやさなければいけない」、そして「土井たか子さんからわたされたバトンをことわるな」というふたつでした。

土井さんはいつか、「女性でも総理大臣になれるのだと、だれかに身をもって証明してほしい」と話していました。日本ではじめて女性が投票できた選挙は、１９４６年のこと。１９２８年生まれの土井さんは、女性が投票すらできなかった時代から、男女平等をもとめて運動してきた人です。わたしの「人生を変えた１冊」の主役である市川房枝さんとおなじような志で活動していました。

「女性にも、男性とおなじように人格がある。国のことを決める政治に、わたし

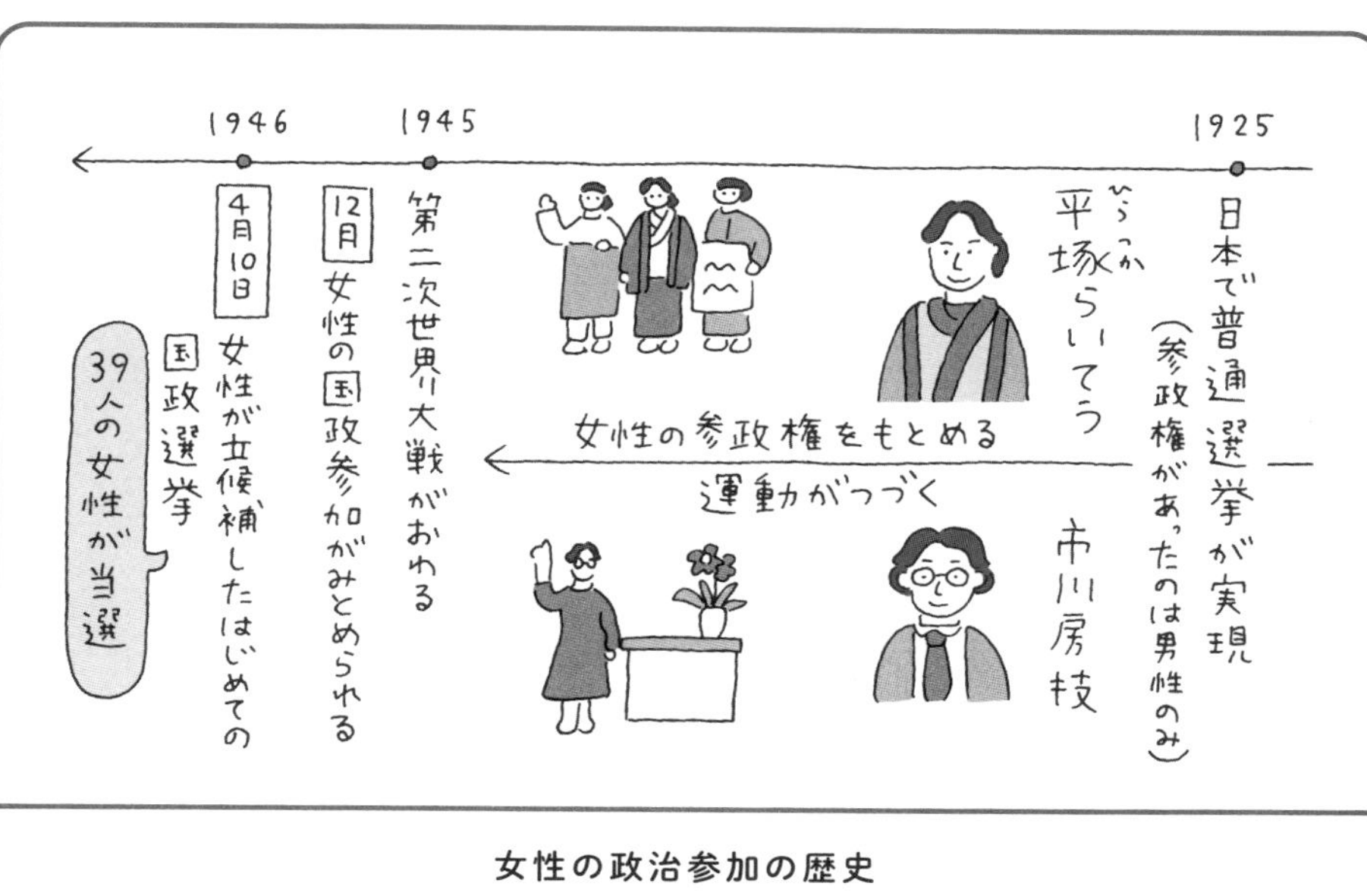

女性の政治参加の歴史

たちも参加したい」。そんな女性たちの切実な声がたばになって、ようやく日本は女性が投票したり立候補したりできる国になったのです。

筑紫さんの言葉で決意はほぼかたまっていましたが、「家族にも相談しておかなくては」と、両親にも連絡しました。政治には縁がない両親でしたから、母は「そんなこと、できるん?」と半信半疑です。父は「棚ぼたやなあ」とおどろいています。ただ、これにつづけて父がいった言葉が、最後のひとおしになりました。

「棚からぼたもちも、おちるところにおらな、おちてけえへん」

ふりかえると、たしかに、そのときのわたしは「ぼたもち」がおちるところまで歩いてきていました。

「平和な世界をつくりたい」

「貧富の差があったり、性別のちがいで差別されたりしない平等な社会であってほしい」

「ボランティアや市民運動に熱意をかたむける人たちが、その仕事で食べていけるような社会をつくりたい」

「自然災害で被災した人が支援をうけられる制度をつくりたい」

社会の矛盾や理不尽をどうにかしたい一心で活動していたら、土井さんがバトンをわたそうとしてくれているのです。わたしはそのバトンをうけとることにしました。

## 楽しかったはじめての選挙

10月1日に土井さんの秘書さんから電話をもらって、1週間後の10月8日にはもう、選挙がはじまっていました。

選挙に当選するには、「ジバン（地盤）」「カンバン（看板）」「カバン（鞄）」の「3つのバン」が必要といわれます。ジバンは、立候補する選挙区に、自分に票を入れてくれる有権者の集団がいることです（集団であることが大事です。〇〇会とか……）。カンバンは、どれだけ名前が知られているか。そしてカバンは資金力、お金のことです。

親やおじいさんが代々政治家をしてきたような、いわゆる「世襲」の議員とちがって、わたしに「3つのバン」などありません。そこで、市民活動の仲間たちと手づくりの「ボランティア選挙」をすることにしました。有権者にアピールす

手づくり選挙で当選し、国会にはじめて登庁した日

る方法も、くふうしなくてはなりません。

市民活動の仲間たちや阪神・淡路大震災の被災者の人たちが、ぞくぞくと応援にかけつけてくれました。なにしろお金がなかったので、事務所はふとん屋さんだった古いたてもの。そこにみんなで壁紙をはったり、めいっぱいかざりつけした結果、ちょっとあやしい見た目の事務所だったかも……。

でも、それがよかったみたいで、事務所には、いろんな人があふれるくらいにあつまってきました。「なんだ？　おもしろそうだぞ」って、町の人たちも興味津々だったみたいです。

## 国会議員になる

選挙では、どれだけ注目してもらえるかが勝負です。なるべく目立つために、わたしの仲間たちは、仮面をつけたり仮装したりして、チラシをくばりはじめました。たしかに目立ってはいるけれど「国会議員の選挙」という感じではありません。わたしも「せっかくの選挙だから、自分たちのやりかたで楽しもう」と、はりきって演説しました。いま思いおこすと、文化祭とか、町のお祭りみたいな雰囲気でした。

そんなわけで、はじめて挑戦した衆議院議員選挙は、とても楽しいものになりました。そして、ひと月まえまでは選挙に出るなんて考えたこともなかったわたしが、10月20日、衆議院議員に当選したのです。

コラム

# 選挙ってどんなもの？

国会議員の選挙は、衆議院議員をえらぶ選挙と参議院議員をえらぶ選挙にわかれています。どちらも、投票できるのは18歳から。立候補できるのは、衆議院が25歳から、参議院が30歳からです。

衆議院の議員465人のうち289人は小選挙区、176人は比例代表というしくみの選挙でえらばれます。小選挙区は、市や区などの単位で選挙区が決められ、それぞれの区でひとりが当選します。比例代表は、地方ごとに選挙区がわかれています。衆議院議員の任期は4年。ということは、衆議院議員選挙は4年に1回です。でも、4年間の任期を最後までやることはほとんどあり

## 選挙ってどんなもの？

ません。衆議院には「解散」という制度があって、総理大臣が国会を解散し、あらたに選挙をすることを決められるからです。だから、衆議院の議員は、任期が2年くらいたつと「そろそろ解散があるかも」とそわそわして、ひまがあれば地元の選挙区にもどる、という人もいます。

参議院の議員は248人で、任期は6年。3年ごとに半分ずつ入れかえる選挙があります。いちどの選挙で、124人がえらばれるということです。そのうち74人が選挙区、50人が比例代表でえらばれます。選挙区はだいたい都道府県ごとで、ひとつの選挙区からひとりまたは複数の議員がえらばれます。

比例代表は全国で区分けがありません。わたしは前回の選挙（2022年）で、参議院の比例代表で当選しました。北海道から沖縄までがわたしの選挙区。いちばんひろいのでまわるのは大変ですが、どこにすんでいる人からでも「辻元清美」に投票してもらえるのが特徴です。参議院は「解散」がないので、じっくりと仕事ができると感じています。

# 国会議員の選挙のしくみ

衆議院（しゅうぎいん） 定数 465人

4年に1度、もしくは解散したら選挙がある

| 小選挙区 | 比例代表（ひれいだいひょう） |
| --- | --- |
| ・289の選挙区<br>・289人がえらばれる | ・11のブロックにわけられている<br>・176人がえらばれる |

両方に立候補できる！

**投票のしかた**

小選挙区：立候補者（りっこうほしゃ）の名前を書く

比例代表：政党（せいとう）の名前を書く

**きまりかた**

小選挙区：とった票が1位の人が当選！

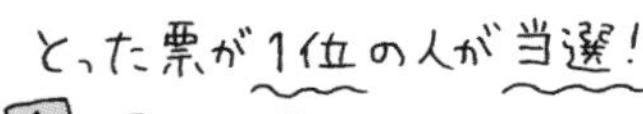

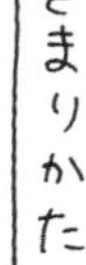

2位以下の人は？

比例代表：とった票の割合におうじて、各政党がもらえる議席の数がきまる。その数までの人が当選

○○党
1. 〜
2. 〜
3. 〜
4. 〜
5. 〜

比例代表にも立候補していれば、こちらで復活当選できる可能性あり

# 参議院（さんぎいん）

定数
248人

半分（124人）ずつ、3年ごとに選挙をする
（下は1回の選挙の例）

## 選挙区 ＋ 比例代表

### 選挙区

・45の選挙区で74人えらばれる
基本的には都道府県ごとにひとつの
選挙区（鳥取と島根、徳島と高知は
ふたつの県でひとつの選挙区）

・人口の割合におうじた人数が
当選する。東京は6人。
ひとりの選挙区も32ある

### 比例代表

・全国がひとつのブロック

・50人がえらばれる

どちらかにしか
立候補できない

### 投票のしかた

**選挙区**

立候補者の
名前を書く

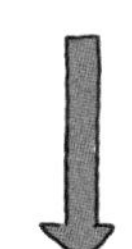

**比例代表**

○○党
or
○○○○

政党の名前か、
立候補者の名前、
どちらかを書く

ドント式

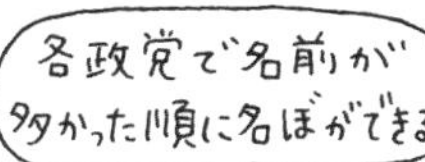


### きまりかた

**選挙区**

とった票が多い人から当選！

**比例代表**

○○党
1. 〜
2. 〜
3. 〜
4. 〜
5. 〜

とった票の割合に
おうじて各政党が
もらえる議席の
数がきまる

その数までが当選！

## コラム

選挙の時期になると、候補者や党の名前をくりかえしながら走る選挙カーとか、駅前やスーパーの近くなどで演説している立候補者をよく見かけますよね。街角には、立候補者のポスターがずらっとはられた看板（公営掲示板といいます）も登場します。

選挙カーや演説、ポスター、チラシなど、いろんな方法で「この選挙ではこの候補者に投票してください！」と有権者によびかけることを、選挙運動といいます。選挙運動ができる期間も、選挙運動のやり方も、公職選挙法という法律できびしく決められています。

たとえば、選挙運動ができる期間は、選挙がおこなわれることが正式に発表される日、公示日に立候補の届け出をしてから、投票日のまえの日までにかぎられています。衆議院選挙だと12日間、参議院選挙だと17日間。

ひとりの立候補者がつかえる選挙カーは1台だけ（参議院の比例代表だけは2台までOK）。車の種類も「11人以上のれる車はダメ」とか「オープンカーはダメ」とか、決まっています。

街頭演説ができるのは、朝の8時から夜の8時まで。演説する人のまわりでチラシをくばる人は15人以下で、特別な腕章をつけないといけません。

公営掲示板にはれるポスターは、「長さ42センチ×幅30センチ」を1ミリでもこえると違反になります。そしてもちろん、お金をわたして「わたしに入れてください」とお願いするのも選挙法違反です。

こうしたこまかいルールはぜんぶ、候補者どうしが公平に選挙に参加するために決められています。選挙につかえるお金がたくさんあるかどうかで、「Aさんは駅前のビルに巨大な広告を出せるけど、Bさんは路地の壁に小さいポスターしかはれない」みたいな差がついてしまったら、公平な選挙とはいえませんから。

選挙の候補者や政党は、自分に投票してもらうため、それぞれにくふうしながら短期集中で選挙運動をくりひろげるのです。

## コラム

いまのシステムで、わたしが問題があるなと思っていることがいくつかあります。

ひとつは、女性候補の選挙のこと。選挙の公示日から投票日のまえの日まで、立候補者は休むひまなく選挙運動に走りまわります。街頭演説ができるのは朝8時から夜8時までだけど、始発から終電まで駅前に立ちつづける候補者もいるし、もちろん週末も休みません。

でも、これって、けっこうむりがあるやり方だと思います。選挙期間中は、家のかたづけや洗たくとかはもちろん、食事の用意なんかも、する時間がぜんぜんありません。

子育てをしている女性候補は、まわりから「子どもをほうっておいて選挙だなんて……」と、かげぐちをいわれることさえあります。そもそも自分以外に子どもの世話をしてくれる人がいなかったら、選挙に出ることなど考えられません。

一方で、男性の候補者は、小さな子どもがいても、選挙に出たからといってかげぐちなどはいわれません（むしろ応援してくれる人のほうが多いかも）。家事や育児は妻にやってもらえる人がほとんどです。ときには、妻が選挙運動をもりあげるために、「妻です」と書かれたたすきをかけて応援にきてくれることもあります。

政治のジェンダーバランスを変えていくためには、選挙運動のやり方も変えないといけないのだと思います。

もうひとつは、選挙にかかるお金のこと。立候補するにはまず、一時的に「供託金」とよばれるお金をあずけなくてはいけません（これは、当選するか、一定以上の票をとればかえってきます）。衆議院の小選挙区だと、300万円。すくなくとも、300万円が手元にないと選挙に出られません。これが最初のハードルです。

ほかにも、選挙運動にかかわる事務員さんや運転手さんに払うお金、事務所

選挙で何にお金が必要??

を借りるための家賃、チラシやはがき、ポスターの印刷代、選挙カーのレンタル代などなど……。選挙運動をしようとすると、すごくたくさんのお金がかかります。

お金もちでなくても選挙ができるよう、ガソリン代やはがきの送料など、一部は国が負担してくれますし、所属する政党からもお金が出ますが、支出はそれ以上です。わたしも、ふだんから選挙のためにお金をためています。

いろいろな人が選挙に出られるようにするためには、このお金の問題もこれから考えていかなければいけないでしょう。

## 選挙ってどんなもの？

投票に行く人がすくないのも問題です。２０２１年の衆議院議員選挙の投票率（投票した人の割合）は55・93％、２０２２年の参議院議員選挙は52・05％でした。そのまえ、２０１９年の参議院議員選挙は48・8％でした。半分以上の有権者が投票に行かないまま、国民の代表がきまったことになります。

年代別にみると、10代から40代の投票率が低くて、50代から60代の投票率が高くなっています。

若い世代にもっと投票してもらうには、政治家のほうも、言葉や発信のしかたを若い人たちにつたわりやすいように、くふうしていかないといけませんね。政治が毎日の生活にあたえる影響や、選挙に参加することで未来の社会のありかたが変えられるってことを、これからもつたえていきたいなと思っています。

さて、こうして選挙運動をしてきて、ぶじに当選すれば、国会議員になれます。でも、選挙におちてしまったらどうなるか、気になりませんか？

## コラム

それには、大きくふたつのパターンがあります。ひとつは、すぐにつぎの選挙をめざして準備にとりかかるパターン。もうひとつは、べつの仕事につくパターンです。

政党から立候補して選挙におちたら、だいたいその政党と相談して、つぎの選挙にチャレンジするかどうかを決めます。正式な予定候補者として党にみとめられれば、つぎの選挙にむけた活動に必要なお金の一部を政党が支援してくれます。

べつの仕事につくパターンだと、わりに苦労している人が多いんです。というのも、選挙に出るためにいったん仕事をやめて、そのあとまた仕事をさがさなきゃならないから。

選挙に出るのに仕事をやめなきゃいけない、というきまりはないんだけど、政治の話を会社にもちこむようでいやがられたり、気まずい思いをしたりするみたい。本当はその人の自由であるべきなのに。

だから、選挙に立候補する人は、お医者さんや弁護士さんみたいに資格を持った職業の人が多いです。いまいるところをやめても、すぐほかが見つかりそうな……。

もし、選挙のあいだは仕事を休むことができて、選挙におちてもちゃんと会社にもどれるようなしくみがあれば、会社につとめる人たちも立候補しやすくなるんだけどなと思います。

# 国会議員の仕事

## 国会で何をしているの？

国会議員は、国民による選挙でえらばれます。みなさんも「国民主権」や「主権在民」という言葉をきいたことがあるかもしれません。国民主権とは、日本という国の主権（政治の決定をする権利）は国民にあるという意味です。総理大臣でもなく大企業の社長でもなく、国民が主役です。主役である国民によってえらばれた国会議員があつまるのが、国会です。

では、国会議員のおもな仕事場である国会

## 国会議員の仕事

では、どんなことをするのでしょうか。いろいろな仕事があるのですが、おもにつぎの3つです。

ひとつめは「立法」、法律をつくること。国会議員は、法律をつくることができる、ただひとつの職業です。

「法律」ときいて、「暴力をふるってはいけない」とか「人のものをぬすんではいけない」とか、「やってはいけないことのルール」みたいなイメージをもつ人がいるかもしれません。

法律にはそういう面もあります。でも、それだけではありません。わたしたちのくらしをささえ、ピンチを救ってくれることも多いんです。

たとえば、地震や水害などの自然災害にあって家がこわれてしまったとき。国や都道府県から生活をたてなおすための支援金がもらえます。これは、「被災者生活再建支援法」という法律があるおかげです。この法律で、どんなときに支援金を出すかなどが決められているので、国は国民にお金をわたすことができるのです。

ふたつめは、国の予算を決めること。予算とは、国の収入（入ってくるお金）と支出（出ていくお金）の計画です。この1年、どれくらいのお金が国に入ってきて、何にどれくらいお金をつかうかを決める、ということです。予算の案は内閣がつくりますが、国会で承認されなければ、内閣は予算にそってお金をつかうことができません。

3つめは、議論をすること。議論とは、話し合いです。国会議員には、いろんな人たちの話をきいてそれを国会にとどけたり、行政権（▼p.010）の力が強くなりすぎないよう見はったりする役目があります。その役目をはたすために、議論をします。法律をつくったり、いまある法律を変えたりするときはもちろん、内閣（政府）がきまりを守っているかどうかをたしかめるときにも、総理大臣や国務大臣に質問する機会をつくり、話し合います。

## 法律をつくる

まずは、法律をつくる「立法」について、くわしく見ていきましょう。

日本には、「憲法」「民法」「刑法」「商法」「民事訴訟法」「刑事訴訟法」という大きな6つの法典があります。そのほか、学校教育に関する「教育基本法」、病院などの医療施設に関する「医療法」、はたらく人たちの権利に関する「労働基準法」などなど、ぜんぶでなんと2000以上もの法律があります。

たくさんあるなかでも、憲法だけは、ほかの法律とぜんぜんちがうものです。

ふつうの法律は、だれもが守らなくてはいけないきまりごとです。でも、憲法は、天皇や大臣、国会議員、裁判官、国家公務員など、国の運営にかかわる仕事をしている人たちが守らなくてはならないきまりごと、となっています。これは、日本国憲法の第99条に書かれています。

ですから、国会議員が法律をつくるときには、憲法にしたがわなくてはなりません。たとえば憲法14条は男女平等をさだめているので、男女差別をする法律はつくれません。また、憲法22条は職業選択の自由をさだめているので、人の職業を国がかってに決めるような法律はつくれません。

もし日本に日本国憲法がなければ、ひとにぎりの権力者が気のむくままに国民に命令したり、高い税金を国民からまきあげたりしてしまうかもしれません。そんなことが起こらないよう、憲法で国民主権がさだめられ、そして国家権力をしばるための99条があるのです。

このように、憲法は重要な性質をもっているため、国会議員が議論して国会で投票するだけでは変えられません。憲法の内容を変えるには、ふつうの法律よりもきびしい手つづきがあります。

ふつうの法律は、衆議院と参議院でそれぞれ議員の2分の1をこえる賛成があれば成立します。でも、憲法を変えようとするときは、衆議院・参議院それぞれ

# おもな6つの法典

法典のなかでも、憲法と以下の5つのものはすべての法律の
基本となるものです。「六法」とよばれることもあります。

国民の権利と自由を守るために、国がやってはいけないことや、やるべきことについて国民が定めた決まり。
いまの日本国憲法は、
・「国民主権」…国の政治のありかたは国民が決める
・「基本的人権の尊重」…国民はだれもが人間らしく生きる権利をもつ
・「平和主義」…戦争を二度とくりかえさない
を三つの原則とし、1947年5月3日に施行された。

国民が決めた憲法によって国家権力を制限し、人権を守ろうとすることを「立憲主義」とよぶ。

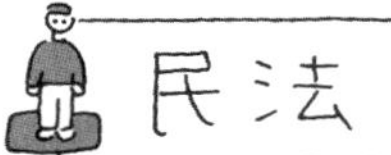


国や行政以外のふだんの生活において適用される法律。
物に対する権利(土地の所有権など)のことや、人にたいする権利(さまざまな契約など)のことなどがふくまれる

犯罪と刑罰に関する法律。
何が犯罪で、それぞれの犯罪にたいして、どんな罰があたえられるかをさだめている

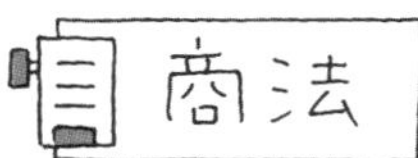


商人(営利を目的としておこなわれる活動をする人たち)の商業活動に関する法律

個人または法人どうしがあらそう
民事訴訟のルールをさだめた法律

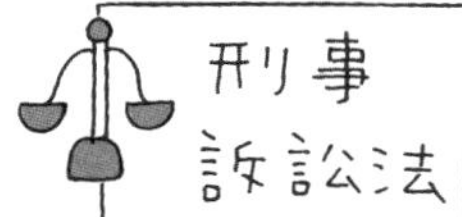


罪をおかしたとうたがわれる人について、有罪か無罪か、有罪ならどんな罰をあたえるかを判断する手つづきについて、さだめた法律

で議員の3分の2以上が賛成しなければ、憲法改正の発議（改正を国民に提案すること）はできません。さらに、国民投票で2分の1以上の賛成をあつめなければなりません。

憲法ではない、ふつうの法律を新しくつくったり、内容を変えたりするとしましょう。いまの日本では、内閣が提案する「内閣立法（閣法）」というやりかたがほとんどです。

でも、衆議院では、20人以上（予算をともなう場合は50人以上）の仲間の国会議員をあつめれば、議員が新しい法律を提案する「議員立法」というやりかたをつかえます（参議院では10人以上。予算をともなう場合は20人以上）。わたしはこれを国会議員の必殺技だと思っています。閣法も議員立法も国会で議論され、賛成の議員が多ければ「法律」になります。

法律になるまえの提案は、「法案」とよばれます。

## 国会議員の仕事

法案を出す国会議員も法律のことをよく知っておかなくてはいけません。国会議員のなかには、法律を専門に勉強してきた弁護士もたくさんいますが、すべての国会議員がもともと法律にくわしいわけではありません。

そこでたよりになるのが、衆議院と参議院それぞれの「法制局」という機関です。内閣にも、内閣法制局という機関がついています。

わたしはいま参議院議員をしていますので、法案をつくるときには参議院法制局の人たちにアドバイスをもらいます。法制局は、いわば法律のプロ集団です。わたしたち国会議員が出したい法案をつくるために、ぴったりな言葉やくみあわせを考えてかたちにしてくれます。

また、法案を出したあとは、国会で「なぜその法律が必要なの?」「その法律ができると社会にどんな影響がある?」など、いろいろな質問にこたえなければいけません。国会でまちがったことをこたえるわけにはいきませんから、まえもって調査をします。その法律の影響をうける人たちにインタビューしたり、その分野の専門書や論文を読んだり、外国にある似た制度をしらべたりすることもあります。すでにあるほかの法律と内容がかさなったり矛盾したりしてはいけないので、関連する法律もよくしらべる必要があります。

ひとりの国会議員には、仕事を手つだってくれる議員秘書が3人つきます。しかしそれだけではおいつかないほど、たくさんの調査が必要になります。そこで、さきほど紹介した法制局をはじめ、衆議院・参議院調査局（室）、国会図書館の専門家のみなさんのたすけを借りながら、チームですすめていきます。

## みんなでつくったNPO法

法律をつくることにかかわっていてワクワクするのは、新しい価値観や社会環境に合った法律をつくるときです。たとえば、NPO法をつくったときは、「社会をまえにすすめることができた」と実感できて、とても楽しかったです。

ＮＰＯ法は、市民といっしょになって議員立法でつくった法律で、「市民＝議員立法」ともいわれています。

まえにもお話ししましたが、この法律ができるまえは、環境問題や発展途上国への支援、被災地への支援などにとりくむ人たちは、社会から「ただのボランティアのあつまり」と見られていました。「ただのボランティアのあつまり」だと、ものを売ったり寄付をあつめたり、事務所を借りたりするときに、きちんとした組織として信用してもらえません。また、契約をむすぶときに個人の名前をつかわないといけなかったので、お金や責任の負担がひとりに集中してこまることもよくありました。

そこで、外国のＮＰＯのしくみを参考にして、「日本にも市民団体が活動しやすい法律をつくろう」と、議員立法でＮＰＯ法を提案しました。

法案を提出するまえから成立するまで、さまざまな市民団体の方から話をきいたり、必要な資料をあつめたり、海外ではどのようになっているかをしらべたり、ものすごい量の調査がいりました。

それと同時に、ＮＰＯ法について、社会の関心をあつめることも重要でした。国民から応援されない法律をつくってもしかたありません。

わたしも、市民団体のみなさんといっしょにＮＰＯのしくみを社会に知ってもらうためのシンポジウムをひらきました。また、法律が国会でとおるには、国会議員の賛成の票が必要です。多くの国会議員に賛成してもらうための説得に走りまわったりもしました。リュックサックに資料をつめて、ＮＰＯ法に反対している大物議員の家まで説得しに行ったこともありました。

みんなで苦労したかいあって、３年ほどかけてＮＰＯ法が成立しました。国際問題にとりくむボランティア団体から、地域の自然食レストランやこども食堂まで、いまでは５万をこえるＮＰＯ法人がこの法律のもとで活動しています。

わたしたちがピースポートをはじめたときには、市民活動やボランティア活動だけでは、とてもじゃないけれど食べてはいけませんでした。みんなほかの仕事をしながら活動していました。NPO法ができたいま、組織的に活動することができるようになったおかげで、専属の職員がいるNPO法人もたくさんあります。「NPO法人に就職しました」なんて若い人に会うと、とてもうれしいです。

ほかにも、わたしが成立にかかわった法律のひとつに、「被災者生活再建支援法」があります。これは、自然災害によって被災者になった人たちに、支援金を支給することをさだめた法律です。

それまで、自然災害で家をうしなっても、国や自治体からのお金の支援はまったくありませんでした。これだけ自然災害の多い国でありながら、そのリスクは「すべて個人で負ってください」という状況だったのです。

そこで、阪神・淡路大震災の被災者のみなさんが「被災者を支援する補償制度をつくろう」という市民運動をはじめました。その運動がこの法律ができるきっかけとなりました。

この法律をつくったことにより、阪神・淡路大震災の被災者にもさかのぼって支援金が支給されました。そのあとも、２０１１年の東日本大震災、２０１８年の北海道胆振東部地震などの大地震はもちろん、２０２４年元日におきた令和６年能登半島地震にも適用されました。

ＮＰＯ法ができたことで市民団体が活動しやすい社会になったり、被災者生活再建支援法によって支援金が出るようになったように、こまっている人たちの課題を法律で解決できたときは、「国会議員をしていてほんとうによかった」と思います。

わたしは、「市民の声から法律が生まれ、それによって社会がまえにすすんでいく」というながれを、とても大切に思っています。いまでも、社会の変化に法律がおいついていないことでこまっている人たちがたくさんいます。これまで法律によって守られてこなかった弱い立場にある人の声を国会にとどけることは、国会議員の大事な役割のひとつです。

でも、日本の国会では、内閣による閣法が議員立法より多く、優先されやすいのです。議員立法を提出しても、閣法がさきに議論され、ほうっておかれることもよくあります。ここ5年くらいは、閣法は提出された法案の95％以上が成立するのに対して、議員立法が成立するのは15％くらいです。話し合うことさえできないものも多くあります。国会の期間や話し合える時間は決まっていますから、政権や与党は閣法を優先するのです。どこか納得できない気もちになります。

ニュージーランドにはおもしろい制度があります。提出された議員立法のうちどれを国会で話し合うかを、くじ引きをして決めるのだそうです。日本もそういうふうにしたら、議員立法ももっと注目されるし、より多くの人が政治に興味をもってくれると思います。

# 法律ができるまで

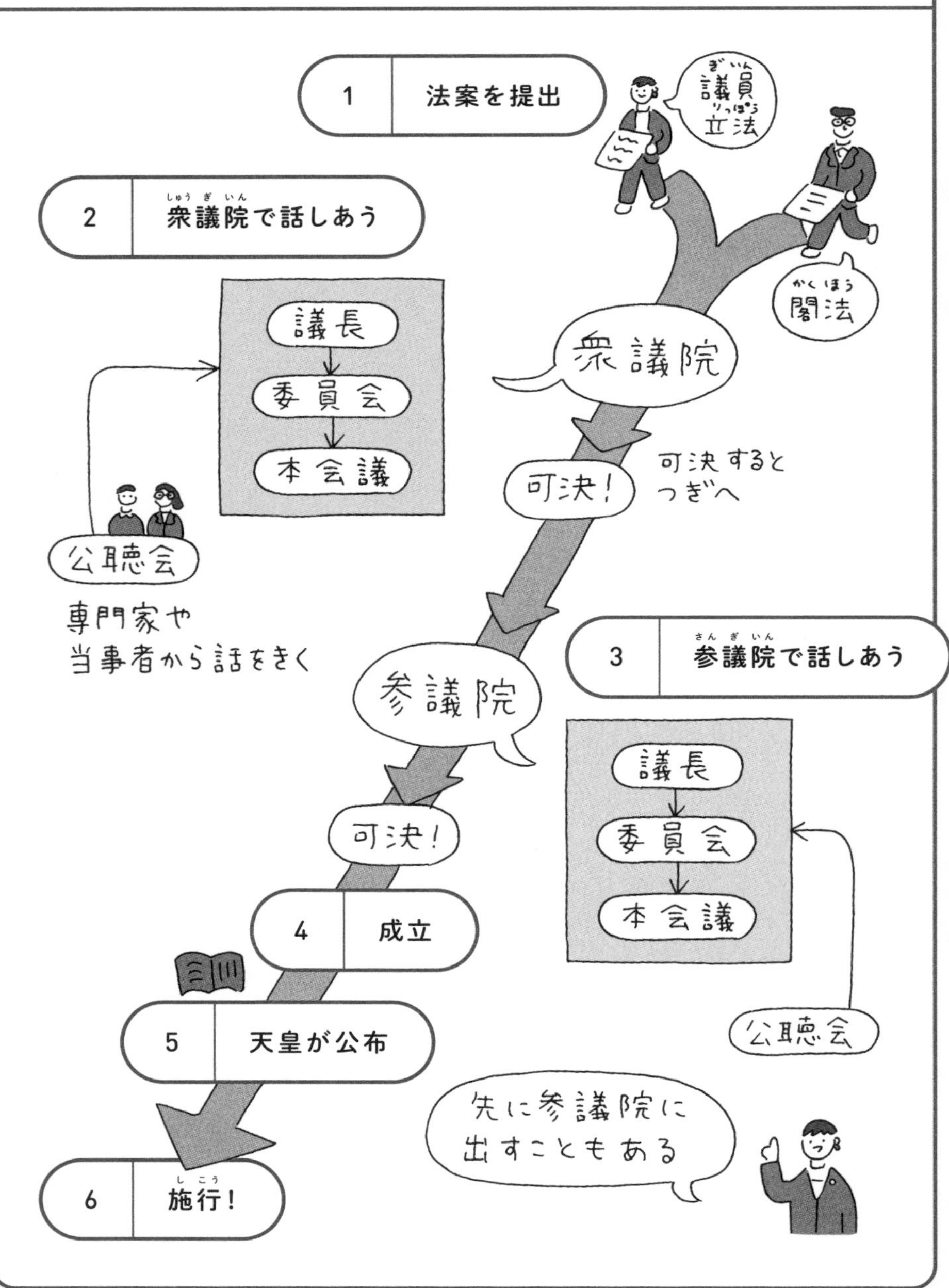
1 法案を提出
議員立法
閣法
2 衆議院で話しあう
衆議院
議長
委員会
本会議
公聴会
専門家や
当事者から話をきく
可決！
可決すると
つぎへ
3 参議院で話しあう
参議院
議長
委員会
本会議
公聴会
可決！
4 成立
5 天皇が公布
先に参議院に
出すこともある
6 施行！

## 予算を決める

日本という国でみんながいっしょに生きていくためには、お金が必要です。たとえば、道路を整備するため、教育のため、海の上の国境を警備するため……。さまざまな目的につかわれます。

そのお金をどこからあつめるかは、国会で話し合って決めます。ほとんどは、税金です。それでも足りないときは、国債（国の借金）でおぎないます。

税金には、ものを買うときに払う「消費税」、はたらいてかせいだお金の一部から払う「所得税」、家や土地といった財産の価値の一部から払う「固定資産税」、企業が利益の一部から払う「法人税」など、いろいろな種類があります。

東日本大震災のあとには、国民全体がすこしずつ復興のための資金を納める復興特別税という税金がつくられました。

だれからどんなしくみで税金をあつめるか、ということに国の考えがあらわれます。税金をあつめるしくみによって、国のかたちが決められるのです。たとえば消費税は、だれもがおなじ割合で払うしくみになっています。これは、一見平等に見えるけれど、収入がすくない人ほど、負担が大きくなるといわれています。

その一方で、所得税は、かせいだお金の額によって税金の割合（「税率」といいます）が変わる「累進課税」というしくみになっています。「累進課税」の税金が多い方が、お金もちからそうでない人にお金がまわるような気がしませんか？

税金は、すべての国民がいっしょに生きていくために、それぞれの人がその能力や財産におうじて負担するものです。わたしは、格差をひろげて日本を不安定な国にするよりは、しんどい人をみんなで助けて格差をちぢめたほうが、みんながくらしやすい国になると思います。

## 国会議員の仕事

税金であつめたお金をどうわけてつかうかも、国会で話し合って決めます。1年間に国に入ってくるお金の予定と、それをどうわけるかの計画が、予算です。予算は国民生活のあらゆる場面にかかわってくるので、予算を決めるための国会の話し合いではいろいろな議論がとびかいます。

日本の予算のうちもっとも多い金額が、年金や医療・介護費などの社会保障関係費にあてられます。高齢化のすすむ日本では、社会保障費はこれからどんどんふくらむと予想されています。これをどうするかは、大きな課題です。また、戦車や弾薬を買うための防衛関係費にも、大きい予算がわりふられています。

いっぽうで、教育にかける予算の割合は、先進国のなかで最下位レベルです。国がもっと教育にお金をつかえば、お金もちの家の子もそうでない子も、みんながおなじように大学に進学したり、学びたいことを思いきり学べたりするはずなのですが、日本はそうなっていません。

また、多くの食べものを外国からの輸入にたよっていて、食料自給率が低い国なのに、農業や水産業にはあまり大きな予算がわりあてられていません。気候変動をとめるために、再生可能エネルギーなどにももっと予算がわりあてられるべきだと思うのですが、これもなかなかすすみません。

このように、予算には「その国が何を優先しているか」があらわれてきます。国のかたちを左右する税金も、優先順位をあらわす予算も、その国のすがたをうつす鏡のようなものです。税金と予算について決めるのは、たくさんの国民の命やくらしにかかわる、とても大事な仕事です。

## 議論をする

法律をつくるときも予算を決めるときも、国会で議論をします。

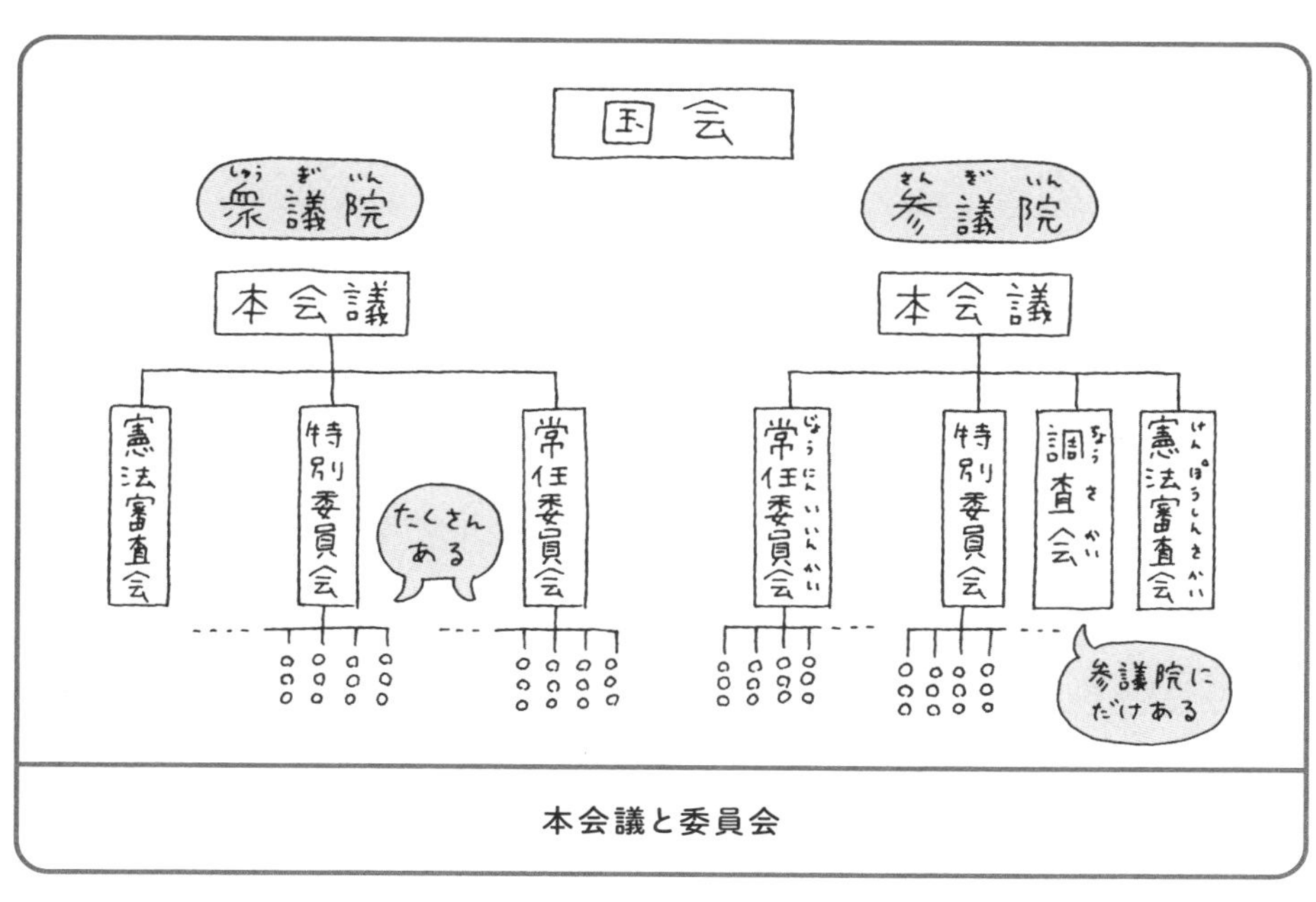


本会議と委員会

議論の場は、国会議員みんながあつまって話し合う「本会議」と、少人数にわかれて話し合う「委員会」があります。

委員会は、厚生労働委員会、農林水産委員会、環境委員会など、国がおこなう仕事の分野によってわかれたいくつもの会のほか、どの委員会がどの議題について話し合うかをふりわける「議院運営委員会」という会もあります。

本会議や委員会で法律や予算について話し合うことを、「審議」といいます。審議では、国会議員が大臣に質問したり、法案を出した国会議員に対してべつの国会議員が質問したりします。なんでもききたいことをきける「一般質疑」という時間もあります。

また、「質問主意書」といって、文書で政府に質問できる制度もあります。とくに、小さな政党の議員はあたえられる質問の時間がみじかいので、なんどでも出せるこの主意書を活用しています。

審議で質問をする目的は、おもに3つです。

ひとつは、法律のもとである法案について話し合うため。法案が国会で可決されて法律になってしまうまえに、法案を出した内閣や国会議員に対して、「この部分はどういう意味？」「この法律ができてこまる人がいないか心配だけど、だいじょうぶ？」などと、質問をなげかけます。ときには、「その法案は、憲法に違反しているのでは？」と、憲法との関係を確認することもあります。

ふたつめは、行政府を監視する（見はる）ため。行政府の長である内閣総理大臣は、国に関する重大な決定をする権限をもっています。内閣総理大臣に指名さ

## 国会議員の仕事

れた国務大臣（大臣）もおなじです。

国のことを決めるのは責任が重い仕事ですが、それと同時に、権力をもっているということでもあります。とくに、長いあいだ権力のある地位についていると、権力者は国民全体のためにつかわないといけない力を、自分や身近な人たちのためにつかってしまうことがあります。

まえには、内閣総理大臣が権力を利用して大きな会社から何億円ものわいろをうけとった事件や、力があるとされていた国会議員が、一般の人たちが買えない株をもらってお金をもうけようとした事件もありました。

このような権力の悪用を監視するためにも、国会議員は、国会で内閣総理大臣や大臣に質問します。テレビで見ると、大きな声でせめたてているようでびっくりするかもしれませんが、相手を攻撃しようとしているわけではなく、本当のことをあきらかにしようとしているのです。

政権が長くなればなるほど、権力を悪い方向につかうことは起こりやすくなる

政権をになう政党が与党、そのほかの政党が野党。野党はつぎの政権をねらう

ものです。それをさけるには、力をもつ与党（政権を担当する政党）が交代するという「政権交代」が必要です。でも、日本は政権交代が起こりにくい国だといわれています。戦後はほとんど、自民党が政権についています。

イギリスでは、いちばん大きい野党が「陛下の野党」とよばれるほど、野党の役割が大きいと考えられています。国から野党にだけ支給される資金があり、野党の議会活動をささえています。国民のあいだにも「いざというときのための野党をそだてておく」という意識があるそうです。

「A党がだめならいつでもB党に変えられ

る」と国民がプレッシャーをかけられるような野党がいる国だったら、A党は悪いことをしにくいでしょう。国民が「いつでも変えられる」という手ごたえをもてる国こそが、ほんらいの民主主義国家だと思います。

話題を「国会の審議で質問をする目的」にもどしましょう。

質問の3つめの目的は、「国民の声を代弁する」ことです。これをわたしは、「スピーカーになる」とよんでいます。

「こんなこまっていることがあるんだよ」「だれもきいてくれないかもしれないけど、こんな苦しいことがあるんだよ」とうったえる小さな声は、ほうっておくと大きな声にかきけされてしまいます。国会議員には、そんな小さな声に耳をかたむけ、声の主にかわって国会にとどける使命があるのです。

みなさんも、「おかしいな」と思うことや、こまっていることがあれば、国会議員や区議会議員、市議会議員などの政治家に意見をとどけてみてください。小さな声でもたくさんの声があつまれば、政治家がスピーカーになって問題をひろく知らせてくれ、法律や制度をつくって問題を解決してくれるかもしれません。

## 「話し合う」ってどういうこと？ 「論破」とどうちがうの？

長いあいだ国会議員をしていても、いまだに国会質問に立つときはドキドキします。緊張でのどがカラカラになって、水を飲みながら質問することだってあります。テレビやラジオで国会が生中継されるときなんか、まえの日はねむれなくなっちゃうくらいです。

なぜそんなに緊張するかというと、「こういういいかたでちゃんとつたわるかしら？」と不安に思って、ギリギリまでつたえかたを考えているからです。はじめてその問題を知った人にも、問題点がしっかりつたわるよう、どうやって質問をかさねるかをこまかく考えます。

また、国会の質問では、「カッコつけずに自然体で、だれにでもわかりやすい言葉で話そう」と心がけています。せっかく国会中継を見たのに、「むずかしい専門用語ばかりで、何を話しているのかちんぷんかんぷん」だったら、興味がなくなっちゃいますよね。

国会は、国民みんなの課題を、みんなで解決するために話し合う場所です。なるべくだれにでもわかる言葉で話し合いたいものです。

「論破」なんて言葉もはやっているようだけど、論破ってなんだかむなしいと思います。

話し合いの場では、相手を説得したり、共通点を見つけたりして、ともに解決策をさぐります。つまり、議論の目的は、意見のちがいをのりこえて、ともに解決方法を見つけることです。

でも論破の目的は、相手をだまらせること。そのために話を横みちにそらしてちがう話をしたり、まともに質問に答えなかったりします。なかには、相手の人格を攻撃して、だまらせようとする人もいます。それで相手を打ち負かしたような気もちになれるかもしれない。でも、そこからはなにも生まれないし、のこるのはうらみだけ。相手をだまらせた瞬間は「勝った！」と気もちがいいかもしれないけど、問題は解決しないままだし、うれしさも長つづきしません。

国会議員は、自分と意見がおなじ人もちがう人も、すべての国民を代表しています。だからこそ、国会のなかでも意見のちがう人の話に耳をかたむけないといけない。反対意見をもつ人たちと共通点をさがしながら、「よりよい方向にしていくにはどうしたらいいだろう？」とねばり強く話し合わなければなりません。

それに、「打ち負かしてやろう」と勝ち負けばかり考えていると、いつのまにか人とつながれなくなる気がします。打ち負かすのではなく、相手の意見をききながら「どうやったら説得できるかな？」と考えることが必要です。

情報をオープンにすることも大事です。相手に質問するときも、相手を説得しようとするときも、事実をつみかさねる必要がありますから。みんなが本当のことをベースに話し合いができるよう、だれもが情報にアクセスできるようにしておかなくてはなりません。

とはいいつつ、わたしもまだ、「話し合い」の練習をしているところです。みなさんも、学級会や生徒会で練習してみてください。

## 転換点

わたしにも、国会議員になりたてのころ、総理大臣や大臣を論破して「勝った！」とよろこんでいた時期がありました。新人の国会議員であるわたしが「ソーリ！　ソーリ！」と総理大臣につめよるようすがテレビ中継されたりして、世間の注目もあびていました。

あのころのわたしは、ちょっと得意になりすぎていたのだと思います。ほかの国会議員に対して、人格を攻撃するような言葉をなげかけたこともあります。

そんなわたしを変える事件がありました。

国会議員になって7年目の２００２年、わたしが秘書の給料をちがう目的でつかっていたという記事が週刊誌にのりました。１９９６年から１９９８年のできごとがそのとき報道されたのです。

政治家になってまもないころのわたしには、国会議員として活動するためのお金が十分にありませんでした。事務所の仲間もおなじです。そこでわたしたちは、ピースボートでやっていたときとおなじように、わたしの分もふくめ、自分たちの給料をいったん事務所にあつめておいて、パンフレットの印刷費など、政治家としての活動をするためにつかっていました。

また、国会議員には「政策担当秘書」という資格をもつ秘書を国のお金でつけられるのですが、市民団体出身のわたしたちには、資格をもつ秘書の知りあいはいませんでした。そこで、先輩議員の秘書をつうじて政策担当秘書を紹介してもらい、その方の名前をかりて秘書として登録し、その給料のほとんどを事務所を運営するためにつかわせてもらっていました。

これが法律に違反する罪であることを、わたしは週刊誌の報道ではじめて知り、がくぜんとしました。国がどのようにつかうかを決めて国会議員や秘書にわたしているお金を、ほかのつかい道につかってはいけなかったのです。

それからは毎日マスコミにおいまわされ、家族までが攻撃をうける日々がはじまりました。とつぜん暴風雨のなかにほうりだされたような気もちで、それでも、すぐには「自分がまちがっていた」とみとめられず、ジタバタともがいてしまいました。あげくのはてに、逮捕されました。すでに社会から強い非難をむけられていましたが、警察や検察によるとりしらべもつらく、きびしいものでした。議員もこのとき辞職しました。

最終的には、秘書の給料をわたしが自分個人のためにつかっていないこと、払われた分をすべて賠償したこと、友人や知人、３万人以上の人からの署名など「寛大な処分」をもとめる多くのうったえが裁判所にとどけられたことなどから、実刑にはならず、「執行猶予」がついて、ふたたび政治活動をはじめることができました。

自分の無知がまねいたこととはいえ、強い言葉でせめたてられ、おいつめられた経験は、心の傷となってのこっています。この問題がおもてに出るまで、わたしは「正義のみかた」になったかのような気もちで、相手を強い言葉で追及してきました。けれど、それがぜんぶブーメランのようにはねかえってきたんですね。

「わたしはちょうしにのってたんやな」

# 国会議員の仕事

相手のすべてを否定するような言葉の暴力をふるっていたこと、それが相手を傷つけていたことに、このとき気がつきました。

「公人」としての自覚もうすかった。税金から支給されるお金のあつかいをよく知らないまま、いち市民の感覚のままで国会議員の仕事をしていた。反省の日々でした。こっぱみじんになって「二度と立ちなおれないかも」と思うほどでしたが、その経験をつうじて、いろいろなことを学びました。

国家権力の力の大きさとおそろしさも知りました。権力は、つかいようによっては人をどん底につきおとすことだってできる。法律も罰則もつくれる力をもつのですから、国会議員だって、権力者です。だからこそ、「公人であること」を自覚して仕事をしないといけません。

国会議員を辞職して復活するまで、まる3年かかりました。3年間のくらやみのなかで、わたしの考え方は大きく変わりました。

## 国会議員とお金

国会議員の仕事について、ひととおりお話ししてきましたが、国会議員ひとりについていくらくらい国のお金（税金）がかかっているか知っていますか？

国会議員には、いわゆるお給料（歳費や期末手当とよばれます）のほかにも、国の政治に関する調査や広報、国民との交流などにつかう「調査研究広報滞在費」、法律の調査につかうための「立法事務費」（これは議員個人ではなく、政党に払われます）が国から支給されます。すべてあわせると、年間で約４０００万円です。これらが議員が活動するために国から支給されているお金です。

このほかにも、全国のＪＲの電車にのれるパスがあたえられたり、国会議事堂の裏にある「議員会館」のひと部屋を事務所としてつかえたりもします。また、国のお金で秘書を３人までやとうこともできます。「公設秘書」とよばれます。

# 国会議員の仕事

国会議員はぜんぶで713人いるので、かけ算したらとっても大きな金額になります。そんなにお金がかかるのか！　と、おどろいたかもしれません。ただ、わたしは、できるだけたくさんの多様な国民の声を政治に反映させる仕事のためには、あるていどお金をかける必要があると思っています。

いまのシステムでは、ふつうの人でも、選挙に出て当選すれば、すぐ国会議員の仕事ができるようになっています。これってすごく大事なことです。

もし国からお金が出なければ、もともとお金のある人しか国会議員になれません。ということは、お金もちの意見ばかりがとおる国会になってしまいます。また、つかえるお金があまりにすくないと、十分に活動ができないばかりか、わいろをもらいたいために、特定の人を優遇するような政治がおこなわれるおそれもあります。

国会議員の活動のどこにそんなにお金がいるのかが、よく見えないのが問題なのかもしれません。「たくさんお金ももらえるし、秘書もやとってもらえて、国会議事堂の近くに事務所もただで借りられて、議員をやめるときまでにすごくお金がたまるんじゃない？」と思われそうです。

何もしなければ、そのとおりかも。でも、めいっぱい努力して議員活動をするつもりなら、たぶん、お金はのこらないでしょう。

じゃあ、いったい何にお金をつかっているんでしょうか？

まず大きいのは、地元の事務所のためのお金です。わたしの場合は、大阪に事務所を持っています。その事務所の家賃や、水道代や電気代、電話代などが必要です。そして、公設秘書ではないスタッフをやとうお金もかかります。ほかにも街頭演説のときにつかう街宣車の維持費やガソリン代もいります。

なにより、仕事をしようとすればするほどお金はかかります。毎週末、地元や地方をまわってこまりごとをかかえている人の話をききに行く。わたしの考えや、世のなかの問題を知ってもらうためにニュースレターをつくって送ったり、チラシやポスターをつくったりする。小さな集会を何十か所でひらいたり、年に何回

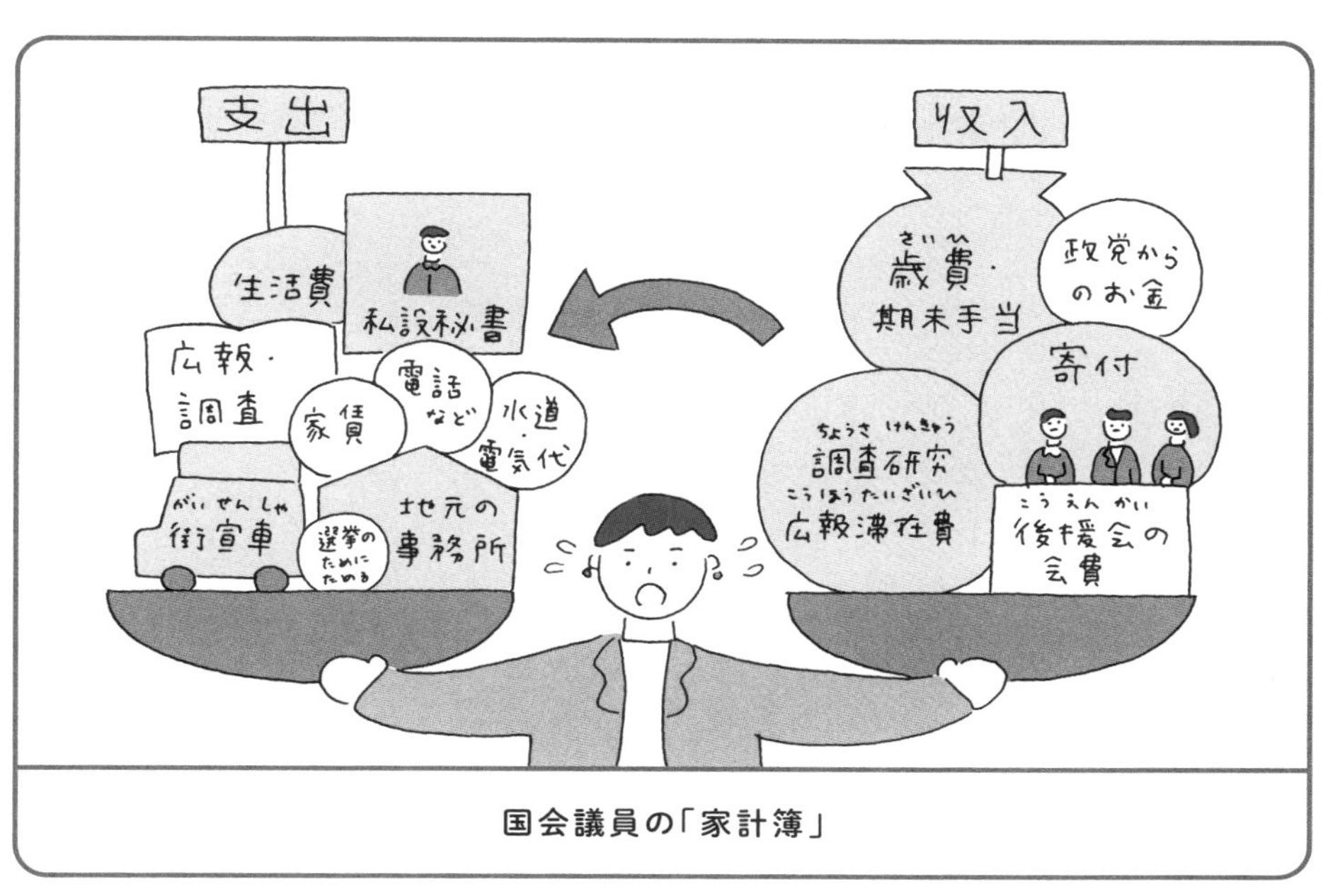


国会議員の「家計簿」

かは、大きな会場を借りて報告会をしたりもします。

数年後にやってくる選挙のためにお金をためておく必要もあります。できるだけお金のかからない選挙をやろうとしていますが、現状では、とくに国会議員の選挙にはやっぱり多くのお金が必要です。

それでも、こうしてつかうお金をつみあげていくと、お金はあまるどころか、国から払われるお金では足りない、という事態になってしまいます。

じゃあどうする？　お金をあつめなくてはいけません。国会議員がどのようにお金をあつめるか、その方法は法律で決められています。そのひとつが寄付です。わたしは、個人で応援してくださっているみなさんから、すこしずつ寄付をあつめています。また、応援してくれる人があつまる後援会の会員になって、会費を払ってくれるようにお願いしたりもしています。

そうしてあつめたお金は、１円の単位まで正しく記録して、だれもが見られるように公開することも法律でさだめられています。

こうして、節約したり寄付をあつめたりして、政治活動をこなし、お給料のうちちょっとのこったお金からわたしの生活費が出てきます。

生活費もできるだけ節約するようにしています。もともとわたしは旅行や買いものが大好きなほうなのですが、国会議員になってからはほとんど休みがないこともあり、そういったことにあまりお金をつかわなくなりました。

いまの楽しみは、仕事でおとずれる日本各地で地元のおいしいものを食べることです。とくに、わたしはうどんが大好きなので、立ち食いうどん屋さんを見つけると時間がなくてもとびこんで、幸せな気分になっています。あとは、大好きな韓国(かんこく)ドラマを見るくらいで、満足しています。

# 菅直人元総理にきいてみた「女の子でも総理大臣になれますか?」

この本のタイトルには「女の子でも総理大臣になれる?」とついています。わたしはもちろん、女の子でも総理大臣になれる、と思っています。でも、わたし自身、総理大臣になったことはありません。そこで、実際に総理大臣をやったことのある人にきいてみたいと思いました。登場するのは、2010年6月から2011年9月まで総理大臣をつとめていた、菅直人さんです。

**菅さんはどんな子どもだったのですか?**

ロケットの模型をつくったりして遊んでいました。なにかものをつくるのがとにかく好きでね。「将来は、ロケットにのる人かつくる人か、どっちかになりたいな」なんて考えていました。生まれたのは、山口県の宇部というところです。高校2年生まではそこでくらしていて、エンジニアをしていた親父の転勤で東京に引っこしてきました。

**子どものころ「総理大臣になりたい」と思ったことはありましたか?**

「総理大臣」なんて言葉さえ知らなかったね。

サラリーマンの息子だと、まわりに政治家もいないし、わたし自身が政治家になるなんて、子どものころはまったく考えたこともありませんでした。

政治に関心をもつようになったのは、大学に入ってからでしょうか。大学は親父とおなじ東京工業大学（東工大）に入って、理系の研究をしていました。理系の大学でありながらも、東工大には心理学、教育社会学、政治学など、文系のおもしろい先生がたくさんいて、そういう講義もよくききにいっていました。

大学を卒業したら、同級生の多くは大学院に行って研究の仕事につきたいようでした。でも、わたしは「ちょっとちがうことをやりたいな」と思って、いろんな資格についてしらべはじめたんです。そんななかで、「弁理士」という資格があることを知りました。発明の特許を出願する仕事です。大学で勉強してきた科学技術の知識もいかせるので、「これでいこう！」と決めました。

**特許事務所ではたらきながら弁理士試験に合格したんですよね。そこから、どうやって政治の世界に入ったのですか？**

特許事務所で4年はたらいたあと、事務所をやめて独立しました。そのころから、青木茂さんという人が主宰する「全国サラリーマン同盟」というあつまりに参加するようになりました。青木さんは、市川房枝さん(▼p.025)が主宰する「理想選挙推進市民の会」という会で、市川さんといっしょに、お金がかからない選挙を実現しようとしていました。

市川さんは女性が中心の運動をされていましたが、この「理想選挙推進市民の会」なら男性もメンバーになっていました。それで、20代後半でこの会に入って選挙の手つだいをはじめたんです。

市川さんはそのころすでに政治家を引退されていたんですが、わたしが企画したもちつき大会で81歳の市川さんが重いきねをふりあげて、みごとにもちつきをされて。それを見て、まだできる、もういちど国会議員になってほしい、選挙に出てほしい、とくどいて、その選挙の責任者をつとめました。

**市川さんの選挙を応援したことをきっかけに、菅さんも立候補することになったのですか？**

もともとは、「出てほしい」と思う人をさがしていろんな人に声をかけていました。でも、なかなか「出よう」といってくれる人がいません。それで、わたしが出ることになったんです。

最初の選挙では、衆議院の東京7区から立候補しました。10万票ほどあつめればとおる選挙でしたが、結果は7万票で落選。「みんなしょんぼりしてるだろうな」と思って事務所に行くと、なぜか大よろこびしています。「せいぜい3万票あつめられればいいほうだろう」と思っていたから、7万票もあつめて当選したような雰囲気になっていたんですね。

2回目は参議院議員選挙で、東京地方区から出て19万票くらい。でも結果は落選。それでまた1年後の衆議院議員選挙に出て、こんどは1回目の7万票にもたりないくらいの票数で、3回目の落選でした。

妻も母も「そろそろあきらめたら」と苦笑いしていたけど、それから1年くらいたって急に衆議院が解散になり、衆議院議員選挙に出ることになりました。

その選挙では、15万票をあつめてトップ当選しました。わたしは選挙でもなんでも、やる以上は「できる」と思ってやります。うまくいく確信がなかったとしても、あまり悪いほうには考えない。それに、失敗してもかんたんにはあきらめません。

**そのころは「総理大臣になりたい」と思っていましたか?**

わたしが当時入っていたのは、社会民主連合(社民連)という、とても小さな党です。国会議員も5人くらいしかいませんでした。

小さな党から総理大臣になれることはふつうないけど、わたしにはそもそも

「なれるかどうか」という発想がなかったね。

「なれるかどうか」なんて考えていたら、はじめから選挙なんて成り立たない。「なれるかなれないか」というよりは、「やっているうちになれた」という感じです。

**総理大臣になってどうでしたか？**

それまでに経験があった大臣の仕事は、法案をつくったり政策を実行したりすることだけれど、総理大臣の仕事は、国全体を統括することです。大臣も自分で決めます。国全体を見ながら国民にメッセージを発信したり、ときには国民をはげましたりすることも、総理大臣の役目です。そこが大きくちがうと思いましたね。

**菅さんが総理大臣だった２０１１年に、東日本大震災が起こりました。あんなに大きな地震と津波、そして原発事故があわさった複合災害は、人類の歴史においてもはじめてのできごとでした。**

あのときわたしの頭にうかんだのは、『日本沈没』という映画でした。とくに、日本が沈没するからみんなが外国に避難していく、というシーンです。原子力工学の専門家に予測をお願いしたところ、「最悪のシナリオ」として「東京をふくむ半径２５０キロメートル圏内からにげださなきゃならなくなる」というものが出てきました。

電気がとまり、だれも原発を制御できなくなって、福島第一原発の暴走がはじまりました。被災地では、避難する途中のバスのなかでお年よりが亡くなったり、避難所に物資をとどけられなかったりと、原発事故そのもののほかにも、いくつもの悲劇がありました。すさまじい状況でしたね。

**もともと「悪いほうに考えない」性格だとおっしゃっていましたが、東日本大震災と福島第一原発の危機に直面してから変わりましたか？**

人間の性格はなかなか変わらないものです。

とはいえ、「日本の首都に人が住めなくなるかもしれない」という事態も想定されるような危機でしたから、プレッシャーはもちろんありました。

でも、そういうときのために総理大臣がいるのです。だれかがやらなきゃいけなくて、たまたまそのときにわたしが総理だった。わたし以外の人だったらその人のやり方でやっただろうけど、同時にふたりが総理大臣になれるわけじゃないから、くらべようがありません。できるかぎりはやく、できるかぎり最良の判断をしたと思っています。

**「そういうときのために総理大臣がいる」というのは、どういうことですか?**

日本国民が危機に直面しているときに「決断」するのが、総理大臣の役目だということです。国の危機をまえに決断するには、勇気がいります。

また、国民全体の命がかかっているとき、総理大臣は、命を救う仕事についている人たちに対して「命をかけてください」といわなくてはなりません。たとえば、自衛隊や警察、消防、そして福島第一原発のケースでは東京電力の人たちが、そういう人たちです。

原発は、全国民の命と生活をおびやかすおそれのある装置です。そのような装置をあつかっている人たちは、ときに命をかけて装置を制御しないといけません。当時の福島第一原発の所長さんは、まさにそうやって命をかけておられました。

わたしの対応が「すべてうまくいった」とはいえません。しかし、みんなが力を合わせることで、ギリギリのところで「最悪のシナリオ」はさけられたと思います。

**では、最後の質問です。女の子でも総理大臣になれますか？**

なれるに決まっているじゃないですか。女性だって当然、総理大臣になる能力があります。わたしが最初に選挙を手つだった市川房枝さんも、すごい人でした。人とのつきあい方がうまかったですし、判断力にもすぐれていました。ドイツのメルケル元首相もおなじです。東ドイツ出身の女性が、新しいドイツのトップとしてリーダーシップを発揮してきたのです。

日本の女性が日本のリーダーをやれないわけがありません。3人、4人、いや、10人くらい女性首相が誕生していたってふしぎじゃない。女性が総理大臣になるのをじゃましているようなものはけとばして、可能性のある人をどんどん応援しましょう。

まずはとにかく、国会議員の半分くらいを女性にしたいですね。これは、政治家が責任をもってとりくむべきことであると同時に、「女性を総理大臣にしよう」と思っている国民みんなでがんばらないといけない。「みんなで女性総理を誕生させよう！」という運動でもはじめてみてはどうでしょう？

**菅直人（かん なおと）**▼1946年山口県宇部市生まれ。衆議院議員。第九十四代内閣総理大臣（452日間在任）。東京工業大学理学部応用物理学科卒業。1980年、衆議院議員選挙に初当選。1996年1月から11月まで厚生大臣をつとめ、薬害エイズ事件の真相究明と介護保険制度の創設にとりくむ。同年民主党を結成し、共同代表に。1998年、新たに結成された民主党の代表となる。副総理、国家戦略担当大臣、財務大臣などをつとめたのち、2010年、内閣総理大臣に就任。2017年、立憲民主党の結成に参加。

# ひとりひとりとつながっている

## この席はわたしの席じゃない

ここからは、わたしがどういう気もちで国会議員をしているか、これまでの仕事をふりかえりながらおつたえしたいと思います。

国会議事堂（こっかいぎじどう）の参議院（さんぎいん）には、わたしの名前の書かれた名札が立つ席があります。でもわたしはいつも、「この席はわたしの席じゃない。みんなの席だ」という気もちでその席につきます。

わたしがその席にすわれるのは、わたしが

## ひとりひとりとつながっている

国会議員をやめていたときや、選挙におちたとき、「もういちどがんばれ！」と応援しつづけてくれた人たち、そして国会にもどれるよう投票してくれた人たちがいるからです。だからわたしは、その人たち「ひとりひとりとつながっている」という気もちで、仕事をしています。

国会議員をやめて、全国をまわっていたときのことです。沖縄県の辺野古という場所へ行きました。そこでは、地元のおじいやおばあ（沖縄の言葉でおじいさんとおばあさんのこと）、市民活動の人たちが、辺野古の海にすむ絶滅危惧種のジュゴンを守ろうと、米軍基地の移設に反対してすわりこみ*をしていました。そのうちのひとりのおじいから、こんな言葉をかけてもらいました。

「あんたがしてきた仕事をもとに、わたしたちはたたかっている。あんたはわた

**すわりこみ**▼抗議活動のやりかたのひとつ。反対の意思を相手にしめしたり、社会にひろく問題を知らせるため、相手のいるたてものや作業現場の近くにすわってうごかないこと。シット・インともいう。

しの心のつえだよ」

その方は、わたしが市民団体と協力しながら「環境影響評価法」と「情報公開法」をつくるのに力をつくしたことを、おぼえていてくれたのでした。

環境影響評価法があるおかげで、実際に米軍が基地をつくってしまうまえに、ジュゴンへの影響をしらべさせることができます。また、情報公開法を市民がつかうことで、日本とアメリカとのあいだで決めたことや、どれくらいのお金がかかるのかなどの情報を政府に出させることができます。

国会議員として一生けんめい仕事をして法律ができても、すぐにその効果が出るわけではありません。

でも、長い時間がたってふと、「わたしの仕事がだれかの役に立った」と感じられることがあります。辺野古でのおじいの言葉でわたしはあらためて、「ここですわりこみをしている人たちと、わたしはつながっているのだ」と感じました。

## 弱い立場におかれた人のために

国会で質問をしているときに、「本人がのりうつった」と思うような瞬間があります。わたしに声をとどけてくれた「本人」が、わたしの口をつかって話しているような感覚になるときがあるのです。そういうときの国会質問は、テレビのむこうで中継を見ている人の心にもとどきやすいようで、共感の声がたくさんよせられます。

そんな質問はどうやって生まれるかというと、本人の話をきくことからはじまります。こまったり、傷ついたりしている本人に「総理大臣と話せたらどんなことをつたえたい？」ときいてみることもあれば、問題を解決するために活動している市民団体が「かけこみ寺」のようにわたしの事務所をおとずれることもあります。そして、当事者のみなさんと力を合わせて質問をつくることもよくあります。

京都市の河原町という大きな交差点で演説していたときのことです。ずっときいてくれている若い女の人がいました。おわったあと声をかけてみると、「これからどうやって生きていけばいいかわからない」というのです。その人は、派遣社員としてはたらく25歳。いつ契約がうちきられて仕事がなくなるかわからないうえに、持病があるため不安でいっぱいなようすでした。

また、べつの男性は「ヘイトスピーチがこわい」といっていました。在日コリアンの彼は、「ぼくは（日本国籍でなく参政権がないので）投票できませんが、あなたもヘイトスピーチやデマで傷ついているようだから、ぼくらの恐怖もわかってくれるでしょう。日本が安心してくらせる国になるように、国会にぼくらの声もとどけてください」と、悲痛な思いを話してくれました。

街なかでこうした声をきくたびに、「若い人や弱い立場におかれた人が希望を

## ひとりひとりとつながっている

もてるような国にしなくては」と思います。これからの日本は、だれもが安心して生活できる国へ、性別や性的指向、人種、国籍、親の職業などで差別されない国へと、変わっていかなくてはなりません。

弱い立場におかれた人も希望をもてるような国へと変わっていくには、国のことを決める国会議員が、くらしにこまっている人の生活や立場を想像できる人でなくてはならないと思います。

でも、いまの日本の国会には、お父さんの代、おじいさんの代から政治家をしてきた「世襲議員」とよばれる国会議員がとても多く、その人たちが弱い立場にある人によりそえるものなのか、疑問に思うことがあります。

ある調査（１９９５年から２０１６年の平均）によると、下院（衆議院）の世襲議員の割合は、アメリカが７％、ニュージーランド、イタリアがそれぞれ６％、韓国、カナダ、イタリアがそれぞれ５％、ドイツが２％。それにくらべて日本の衆議院の世襲議員の割合は、28％にものぼりました。

いまでは、日本の国会議員のうち150人もの議員が、「親や親せきが国会議員または元国会議員」という世襲議員なのです（2023年1月23日現在）。

政治資金をひきつぐなどして裕福なことが多い世襲議員には、「くらしにこまっている人の生活」は想像しにくいかもしれません。ぜひ、いろいろな経験や価値観をもつ人たちに、国会議員の仲間入りをしてほしいと願っています。

## みんなではたらく

国会議員の仕事は、ひとりではできません。参議院議員会館にある事務所でいっしょにはたらく秘書（ピースボートで活動していたころからの仲間もいます！）、政党の仲間たち、調査を手つだってくれる国会図書館や調査室、法制局の

## ひとりひとりとつながっている

人たち、それに、市民活動にたずさわる人たち。あげていくときりがありません。「官僚」とよばれる人たちも、そのうちのひとつです。官僚は、国家公務員として、内閣府や総務省、外務省といった国の行政機関ではたらく人たちです。

わたしが社民党にいたころ、社民党とほかの党がいっしょになって、与党になったときがありました（連立与党といいます）。そのとき、わたしは国土交通副大臣として、国土交通省の官僚のみなさんとはたらきました。

国土交通省は、国土の開発と保全をしたり、交通を整備したりする省です。わたしが担当していたのは、運輸・交通、観光、気象、そして危機管理でした。

どれも責任重大な仕事でしたが、２００５年に起きた鉄道事故「ＪＲ福知山線脱線事故」を検証する事故調査委員会にまつわるできごとは、強く印象にのこっています。

この事故は、ＪＲ西日本の福知山線で列車が脱線して、１０７人もの命がうしなわれたものでした。事故調査委員会は、この事故の原因をしらべるために国土交通省につくられた組織です。

ところが、しらべた結果を公表するまえに、事故調査委員会の委員がＪＲ西日本にその内容をこっそり教えて、さらには内容の一部を、ＪＲ西日本をかばうような内容へとねじまげようとしていたことがわかりました。中立でいなければならない委員が、ＪＲ西日本にみかたするような行動をとっていたのです。

被害にあった人たちやその家族の団体（「被害者団体」とよばれます）が怒るのもあたりまえです。被害者団体は、国土交通省に抗議しにきました。わたしは、運輸や交通を担当する副大臣として心からおわびしました。そのうえで、被害者団体のみなさんに「事故検証チームに入っていただけませんか？」と提案しました。

被害者団体は、この事件に直接関係している人たちです。わたしは、その人たちといっしょにこの問題を解決したいと考えていました。それまで、こういった事故検証チームに被害者団体に入ってもらったことは、いちどもありませんでした。いわゆる「例外」をやってみたのです。でも、それまでは「例外」だったことも、やってみれば「前例」になります。こうして、新しい前例がつくられることで、社会はよりよくなっていくはずだと考えました。

被害者団体のみなさんは、提案をうけいれてくれただけでなく、「ありがとう」と感謝の言葉まで口にしてくれました。その場にいあわせた国土交通省の官僚は、「抗議しにきた被害者団体からお礼をいわれるなんて、はじめてのことです」と、感動して目に涙をためていました。

国土交通省は、ひとつの大きなチームです。そのチームのなかではたらく官僚も「日本をよくしたい」という思いで一生けんめいです。わたしは、副大臣と官僚は「上司と部下」のような関係ではなく、対等に意見をいいあえる「チームメイト」のような関係でいたいと考えていました。

「みんなではたらく」チームづくりを心がけると、はじめは大臣やわたしの指示を待っているだけだった官僚も、どんどんアイデアを出してくれるようになりました。対等に話し合える環境があれば、活発に議論ができて、みんなでよい仕事ができると実感したものです。

　これは、政治の世界だけでなく、会社や学校でもおなじです。「リーダーシップ」という言葉がありますが、わたしはリーダーシップには2種類あると思っています。「マッチョ型」のリーダーシップと、「共感・参画型」のリーダーシップです。

　マッチョ型のリーダーシップは、アメリカのトランプ元大統領やロシアのプーチン大統領のような「おれについてこい！」とみんなを自分の意見にしたがわせてひっぱっていくタイプです。でも、わたしはもう一方の共感・参画型のリーダーシップがいいと思います。みんなの意見をききながら「いっしょに問題を解決していこう」というタイプです。ニュージーランドのアーダーン元首相や、東京都

## ひとりひとりとつながっている

世田谷区の区長を長くつとめる保坂展人さんのようなタイプが思いうかびます。

マッチョ型のリーダーシップでは、リーダーが主役になって大きな力をふるいます。でも共感・参画型のリーダーシップでは、課題を全員のまんなかにおいて、話し合いで問題を整理しながら解決をめざします。そのなかでリーダーは、いちばんむずかしい交渉や、勇気のいる決断をします。

「ガキ大将みたいな人が主役のクラスよりも、みんなで話し合いができるクラスのほうがいいな」と思ったあなたには、「共感・参画型」のリーダーがおすすめです。あなた自身が、そんなリーダーをめざすのもいいですね。

２０１１年３月11日、東日本大震災が発生したときにも、「みんなではたらく」力の大きさを痛感しました。東日本大震災は、第二次世界大戦以降の日本で、いちばん大きな危機といえるでしょう。マグニチュード９・０の巨大地震にくわえて、史上最大級の津波が起こり、そのうえ福島第一原発の事故がかさなりました。

3月11日の午後、わたしはＮＰＯ法の関係であつまっていた市民団体のみなさんといっしょにいました。ＮＰＯ法をよりよくするための集会がひらかれる予定だったのです。集会の直前に地震が起こりました。

市民団体の人たちは、東北がひどいことになっていると知ってすぐに、わたしの事務所で「災害支援のための作戦会議」をひらきました。阪神・淡路大震災を経験した人たちも多く、なかには、すぐに現地へむかった人もいました。わたしの事務所には、ぞくぞくと情報があつまってきます。

そんなようすを知ってか、わたしの事務所に内閣官房長官から電話がかかってきました。

「災害ボランティア担当の内閣総理大臣補佐官として、ボランティアのまとめ役をしてほしい」という電話でした。政治家になるまえから市民団体の一員として活動してきた経験が、ここで生かされました。

また、わたしが市民活動をしていたころとくらべて、政府のほうにも変化がありました。まえは、政府と市民団体がどうしても「対立」してしまっていましたが、いっしょにうごく、「連携」するように変わっていたのです。

東日本大震災の危機的な状況をまえに、災害ボランティア担当補佐官になったわたしはまず、「ボランティア連携室」を立ちあげました。ボランティア活動を「支援」したり「まとめ」たりする組織ではなく、ボランティアと対等な関係で「連携」する政府の組織です。そして、市民団体、都道府県・市町村、政府、自衛隊がいっしょにあつまって協力できるよう、「4者連絡会議」というしくみもつくりました。

市民団体や政府がばらばらにうごくよりも、こうやっておたがいに協力したほうが、救助のための交通規制から、避難している人たちへの炊きだしまで、いろいろなことをスムーズにすすめられます。大災害に直面したとき、立場がちがう人や組織が連携することで、大きな力が生まれました。

# 国会議員をささえる人たち

国会議員の仕事は、たくさんの人にささえられています。
ここでは、おもな人たちを紹介します！

**秘書**
スケジュール管理から政策を考える手伝い、後援会の運営、選挙でのいろいろな手配など議員のそばではたらくなんでも屋さん

**政党職員**
政党で、政党の運営にかかわるいろいろな仕事をする

**ボランティアの支援者**
ニュースレターの発送やチラシくばり、選挙のお手つだいなどをしてくれる

**国会事務局職員**
国会の運営、質疑や法律をつくるための調査などをする

**官僚**
中央官庁（内閣府、総務省、外務省など）ではたらく国家公務員。国会の答弁の対応などをする

**衛視**
国会議事堂や議員会館などの出入り口やたてもののなかで警備をする

**国会のネット配信担当**
国会をインターネットで中継する

**記者・カメラマン**
国会でおこったことを新聞やテレビなどで報道する

**公用車の運転手**
公務のときの移動につかう車を運転する

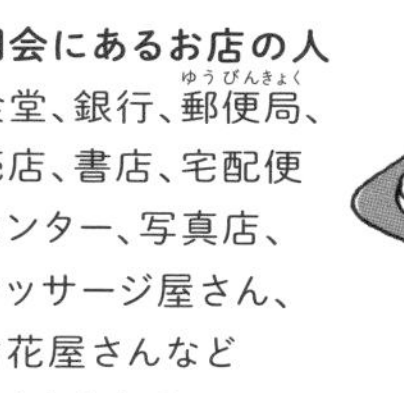

**国会にあるお店の人**
食堂、銀行、郵便局、売店、書店、宅配便センター、写真店、マッサージ屋さん、お花屋さんなどたくさんある

**速記者**
国会の議論の内容をもらさず記録する

**清掃・施設の管理をする人**
国会議事堂から歩道まできれいにしたり、直したりする

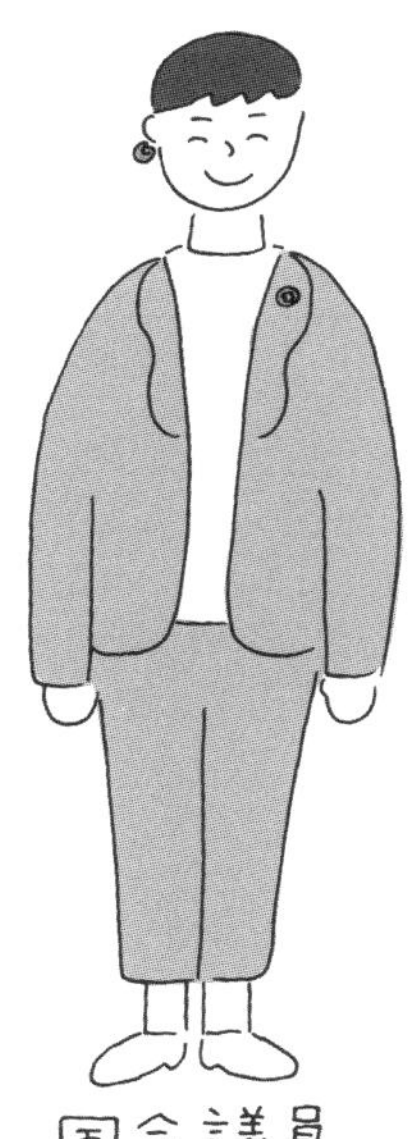


**国会図書館職員**
法律をつくるときなどに資料をあつめてくれる

**法制局職員**
法律をつくるときに手つだってくれる

**議員会館・議員宿舎のスタッフ**
議員会館にある議員事務所や会議室、宿舎の管理をする

コラム

# 国会議員のなぞ・Q&A　その2

## Q

**国会があるとき、お昼ごはんはどんなものを食べているの？**

## A

きょうのお昼は、議員会館のなかにあるコンビニで「ほうれん草サラダ」「根菜おから」「かぼちゃスープ」を買ってきて、かんたんに食べました。コンビニのごはんがつづくこともあるけど、栄養バランスがよさそうなものをえらぶようにしてる。

## 国会議員のなぞ・Q&A　その2

食堂で食べることもあるかな。国会議事堂と、そのとなりにある議員会館には、いくつか食堂があって、カレーやうどん、そば、定食など、いろいろなメニューがそろっているよ。

「国会カレー」は、国会議事堂のちょっとした名物。本館、別館、議員会館、それぞれの食堂にカレーがあるんだけど、わたしは別館のカレーが好きかなあ。特別なオイルをかけてくれて、おいしい。

それとね、国会議事堂と議員会館の食堂には、寿司カウンターがあるんだよ！　職人さんがその場でにぎってくれる。

国会議員や国会ではたらく人たちは時間におわれていることが多いから、さささっとにぎってもらってパクっと食べられるお寿司が、お昼にちょうどいいんだね。お寿司って、日本ならではのファストフードかも。

# ある国会議員の1日(金曜日)

国会議員は、国会がひらかれている月曜日～金曜日と、週末で、
1日のすごし方がだいぶちがいます。ここでは、東京で国会に出て
地元へ移動する金曜日と、地元で活動する土曜日の1日を紹介します。

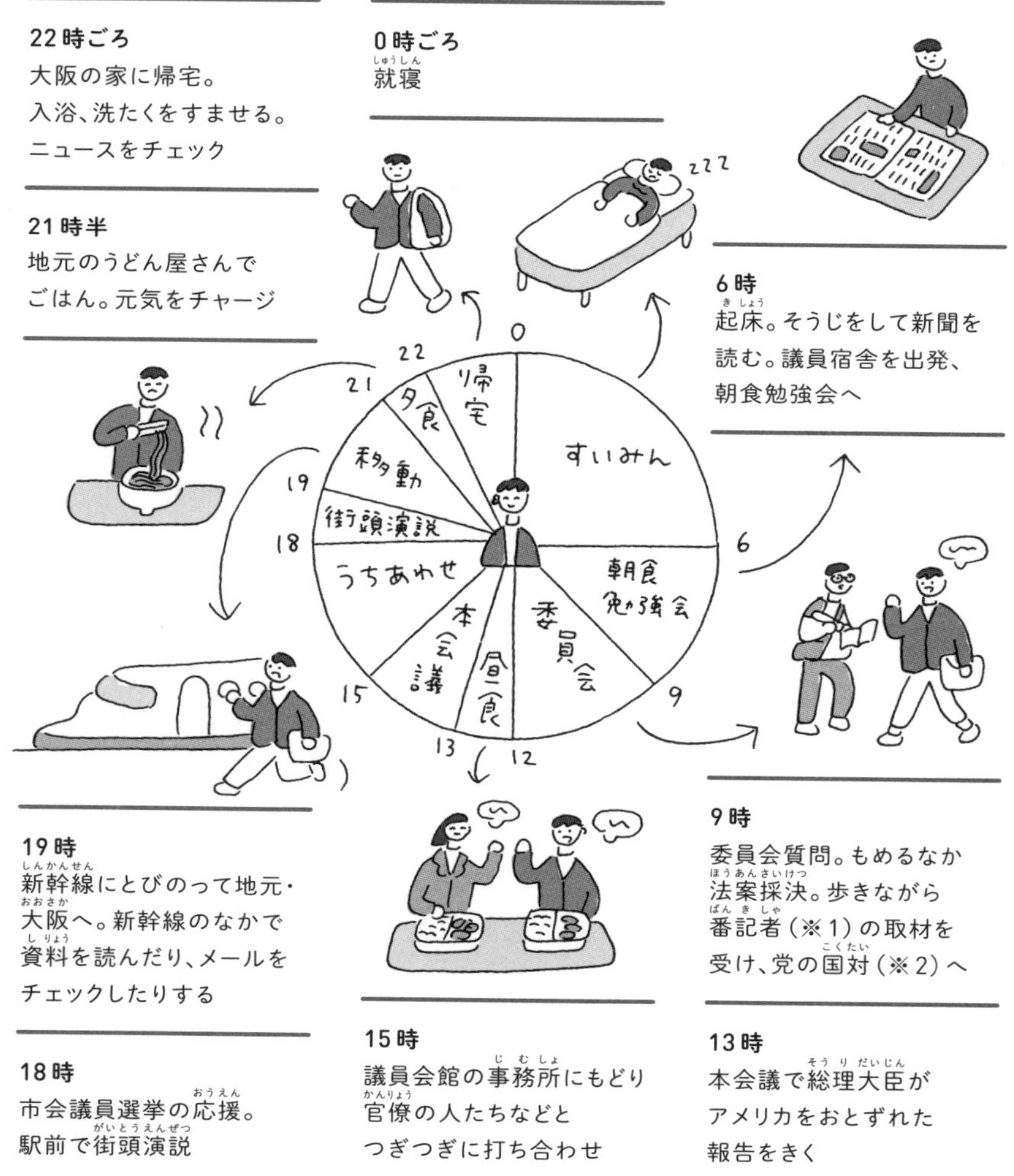


**0時ごろ**
就寝

**6時**
起床。そうじをして新聞を読む。議員宿舎を出発、朝食勉強会へ

**9時**
委員会質問。もめるなか法案採決。歩きながら番記者(※1)の取材を受け、党の国対(※2)へ

**13時**
本会議で総理大臣がアメリカをおとずれた報告をきく

**15時**
議員会館の事務所にもどり官僚の人たちなどとつぎつぎに打ち合わせ

**18時**
市会議員選挙の応援。駅前で街頭演説

**19時**
新幹線にとびのって地元・大阪へ。新幹線のなかで資料を読んだり、メールをチェックしたりする

**21時半**
地元のうどん屋さんでごはん。元気をチャージ

**22時ごろ**
大阪の家に帰宅。入浴、洗たくをすませる。ニュースをチェック

※1　政党や政治家を担当して密着取材する記者さんのこと
※2　国会対策委員会のこと。国会で話し合うことについて、ほかの党と相談したり、情報を共有したりする組織

# ある国会議員の1日（土曜日）

**0時ごろ**
就寝

**6時**
起床。洗たく機をまわして
朝食。散歩がてら、
親が病院に行くのにつきそう

**9時**
そのまま街宣車にのりこみ、
集会のお知らせ、
支援者のかたにあいさつ

**11時**
商店街の入り口で街頭演説。
市会議員や府議会議員の
みなさんとチラシをくばる

**13時**
地域の公民館へ。
地元のみなさんの声をきく、
車座集会。2か所まわる

**17時**
ゆかたに着がえて地元の
お祭りを5か所まわる。
かき氷や焼きそばを食べる

**20時**
事務所でオンライン国政
報告会に参加。全国の支持
者のみなさんと意見交換

**21時**
スーパーで買いもの。
駅前のマッサージ屋さんへ

**22時ごろ**
帰宅。ニュースをチェック。
SNSをアップする。本の
執筆にとりかかろうとするも、
つかれていて断念

0 すいみん
6 家事・病院
9 街宣車
11 街頭演説
13 車座集会
17 お祭り
20 国政報告会
21 マッサージ
22 帰宅

## Q お休みの日は何をしているの？

## A

基本的に休みはほとんどないんだよね。週末もどこか地方へでかけて、その土地の人の話をきいたり、地元に帰って演説会をしたりしているから。

たまに休みがあっても、家のかたづけとか洗たくとか、家事をしてほとんどおわっちゃうかも。あと、両親がもう80代だから、食事につれていったり、いっしょにすごす時間をふやしたり、親孝行する時間にあてているかな。

国会議員をしているのはわたしだけど、家族である両親も日ごろからいろいろと気をつかって行動してくれているのがわかるんだよね。だから「できるだけ親孝行したいな」と思っているよ。

## 国会議員のなぞ・Q&A　その2

**Q**

**街頭演説をしているときにびっくりしたことはありますか？**

**A**

大阪の集合住宅で演説をしていたら、中学生の男の子たち5人くらいのグループがよってきて「清美チャンネル見てます！」って声かけてくれたときは、びっくりした！

わたしは日ごろから「だれにでもわかる言葉でつたえたい」と思ってSNSとかYouTubeで発信してるんだけど、「中学生の男の子らにもつたわってるんやー」って実感してうれしかったな。

街頭演説ではおもしろい出会いもたくさんあるよ。

銀座で街頭演説をした2日後に沖縄で演説をしていたら、「おととい銀座でも演説してたね」って声をかけられたり、大阪で演説してたら「うちの息子が名

## コラム

古屋で演説してた辻元さんと写真とってたから、おれともとってくれ。息子におくるから」っていう人がいたりね。そんなぐうぜんってある!?

それから、「いつか会ったらわたそうと思ってました」と、シングルマザーの人から手紙を手わたされたこともありました。手紙には、3つくらい仕事をかけもちしながら子育てをしている生活について書かれていました。政治家が街に立つということは、「こまったことがあれば、あそこに立ってるあの人にうったえよう」と思ってもらえることでもあるんだね。

わたしたチラシをその場ですてられたり、デマを信じた人に攻撃されたり、街頭演説ではショックをうけることもある。それでもわたしは街頭演説をするのが大好きだし、やめられない！

# 女性として はたらく

## 負担をわけあう社会

いまの日本の社会は、「世界でいちばんお金もちの国」をめざして成長していた時代とはちがって、「すくない人数でどうやって負担をわけあうか」を考えなければならない時代をむかえています。

日本では少子化がすすみ、１９９７年からずっと、15歳未満の子どもの数を、65歳以上のお年よりの数が上回っています。

２０００年の時点では、ひとりのお年よりの生活を20歳から64歳までの人たち３・６人でささえていた計算でしたが、２０５０年にはひとりを１・２人でささえる計算になると予想されています。

これは、女性にふかいかかわりをもつ問題です。どうしてかというと、子どもを産むのは女性ですし、日本では子育ての大部分を女性がしているからです。また、保育士さんや介護士さんなど、子どもやお年よりをケアする仕事についている人も、多くが女性です。

なのに、その問題を解決するための議論の場である国会に女性議員がすくない。はじめにみたように、日本の衆議院議員４６４人のうち女性議員はわずか10・34％の48人です。男女の人口は半分ずつくらいなのに、衆議院議員の約９割が男性なのです。男子も女子もいる学校で、学級会や生徒会を男子生徒ばかりでやるようなものです。

国会は、子育て、社会保障、教育、労働と、国民みんなの生活にかかわるあらゆることを決める場所です。それなのに、これらの問題すべてを、ほとんど男性の議員で決めてしまうのです。わたしは、この状況を、どうにかしなければと思っています。

## 党をこえて協力する

国会にあまりにも女性議員がすくないので、わたしたち女性議員は、党をこえてつながることにしました。立憲民主党、自民党、共産党、どの政党に入っていても、女性という立場から「これはおかしい。変えなきゃ！」と意見があう課題については、みんなでいっしょになって声をあげることにしたのです。

たとえば、女性だけが経験する生理のこと。わたしたち女性議員は、生理に関して女性がこまっていることを、国会で議論するようはたらきかけました。生活が苦しくて生理用品を買えない女性や、家族に「生理用品を買ってほしい」といえない女の子がいるという「生理の貧困」を、国会で話し合いました。

その結果、２０２１年６月に発表された国の方針に「生理の貧困への対策」がくわえられました。これをきっかけに、都道府県や市町村などで生理用品を無料でくばるといったとりくみがひろがりました。

また、女性は契約社員や派遣社員といったかたちではたらく人が多く、正社員にくらべてお給料が低いことも問題です。女性の給料の平均金額は、男性の７割くらいです。わたしたちは、この格差をすこしでもなくそうと、企業に男女のあいだの給料の差を公表するように義務づける法律づくりにとりくみました。

そのほかにも、世のなかにはまだまだ男女の不平等がのこっています。

結婚したら夫婦の名字をおなじにするか、べつにするかを自分でえらべるようにする「選択的夫婦別姓」も、まだ実現していません。結婚して名字を変えることになるのはほとんどが女性で、銀行の口座、運転免許証、パスポートなどの名字を変える手つづきにわずらわされるのも女性です。

　また、仕事で成果を出していても、結婚してべつの名字になったことで「べつの人」だと思われてしまうこともあります。仕事のときだけまえの名字をつかいつづけることもできますが、これもまた、めんどうな手つづきがたくさんあります。そもそも、なれしたしんだ名前を変えないといけないことに抵抗があるという人もいるはずです。

　結婚したときに、かならずどちらかの名字にすることを法律で決めている国は、世界で日本だけになってしまいました。自由にえらべるように変えていかなくてはと思っています。

## 政治の世界にのこる不平等

　政治の世界の入り口にも、男女の不平等がのこっています。政治家の家に生まれた長男が親の選挙区をうけつぐようにして国会議員になる「世襲」もねづよくのこっていますし、政党も男性の立候補者を推薦しがちです。

選挙のコラム（▼p.094）でも書きましたが、朝早くから夜おそくまで街角に立って演説やあいさつをしなくてはならない選挙活動は、家事や子育ての女性の負担が大きいままではなかなかむずかしいものです。

顔と名前を出して活動するなかで、セクシュアル・ハラスメントの被害にあった女性議員や女性候補者もすくなくありません。握手した手をはなしてもらえなかったり、政治家としての能力とは関係ない見た目のことをいつも話題にされたりと、悲しくなることや腹のたつこともあります。

それでもやっぱり、過去の歴史をふりかえると、「いまの時代のわたしたちがあきらめずにがんばらなくては！」と思うのです。

日本の女性議員をふやすには、女性議員どうしが党をこえて力をあわせる必要があります。政治についての考え方がちがっていても、たとえば自民党の女性議員・野田聖子さんたちと、たまにごはんを食べながらおなじようなモヤモヤを共有し、「女性議員をふやさないとね」と語り合っています。

わたしたちは、「それぞれの党ではたらきかけよう！」と、政党が推薦する候補者にかならず女性を何人か入れることにしたり、女性の候補者のための子育てサポート制度をつくったりしてきました。パワー・ハラスメントやセクシュアル・ハラスメントをなくすために、党のなかにハラスメント相談窓口も用意しました。

女性が女性というだけの理由で投票さえできなかった時代、市川房枝さんたちは、女性の政治参加をもとめて活動していました。市川さんが国会議員になったころ、国会にはまだ女性用トイレもなかったのです。いまの国会には、女性用トイレはもちろん、女性のための休憩室や授乳室もつくられました。

市川さんや、「女性初」をいくつも経験してこられた土井たか子さんは、人が歩けないような「けもの道」を、つぎの世代の女性たちのために切りひらいてきてくれました。わたしたち現役の女性議員はいま、その道をたどって歩いています。

でも、この道はまだまだとてもせまい。この道をもっとひろげることこそが、わたしにあたえられた役割なのだと思います。わたしが土井たか子さんのような先輩に学び、はげまされてきたように、わたしも女性の国会議員のまえに立ちはだかる壁をとりのぞいていきたいです。

## 海外から学ぶこと

ジェンダーギャップ指数が125位と、客観的に見ても男女の格差がある日本ですが、希望はあると信じています。いまでは女性の政治家が多い海外の国々でも、まえは日本のように男性が政治の世界を支配していたからです。国によって方法はいろいろあるけれど、「このままではいけない」と気づいた国から、女性議員をふやすためのとりくみをすすめてきました。

たとえば、１００か国以上の国々が、女性議員の割合が多くなるように議席を女性にわりふる、「クオータ制」をとりいれています。政治だけでなく社会全体の男女平等に力をいれたところ、国会議員が男女およそ半分ずつになったフィンランドのような国もあります。フィンランドでは２０１９年、34歳の女性サンナ・マリンさんが、世界最年少で首相にえらばれました。こういった海外の国から学べることはたくさんあると思います。

ときには、海外に勉強に行くこともあります。つい最近では、自民党や国民民主党の女性議員、それから経済界でかつやくしている女性たちといっしょに、アメリカ合衆国のワシントンＤ・Ｃをおとずれました。

アメリカでは、女性やＬＧＢＴＱ＋の当事者の人たちが大臣をはじめとする政府の重要な地位についていて、さまざまな声を反映できる政府をつくっています。

現場を見せてもらい、「日本は何周もおくれているなあ」とざんねんに思いつつ、「だからこそ、わたしたちで変えていかなきゃ！」と、気合が入りました。

ほかにも、若い女性たちが政治家になるのをたすけるNPOをおとずれて、女性の政治家をふやすとりくみについて意見を交わしあったりもしました。

「どうすれば、女性がリーダーの仕事につきやすくなるかな？　政治は何ができるだろう？」

党をこえて、国をこえて、いろんなアイデアをやりとりすることができました。

## もっと多様性が必要

いまの日本の国会は、だいぶかたよっています。男性が多く、しかもお金もちの家出身の人が多い。かたよりがあるということは、平等でないということです。

みなさんのことを国会でお待ちしています！

女性の議員がふえてほしいのはもちろん、もっと、マイノリティや社会的に弱い立場におかれた人たちが議員になれるようになってほしい。最近では、ＬＧＢＴＱ＋の当事者や障がいをもつ国会議員が当選するようになって、とても心強く思っています。

未来を生きていく若い世代も、もっと国会に必要です。いま、衆議院は25歳、参議院は30歳からしか立候補できません。わたしは思い切って、選挙権とおなじ18歳から立候補できるようにしたらどうかなと思います。若い人たちが生きていく未来のことを決めるのが政治なのですから。

さまざまな人たちが政治の世界に入ってきて議論に参加するようになれば、共感・参画型のリーダーシップのもと、協力して危機にたちむかえます。時代に合った新しい法律ができて、社会を前進させる力になります。性別や生い立ち、世代のちがいをこえて、未来をつくるための政治ができるはずです。

「こういう社会がいいと思う！」

「こういうことを変えていきたい！」

若いみなさんがどんどん声をあげてください。いっしょに未来のための政治をつくっていきましょう。わたしはそれを応援したいです。

# あとがき

## すこしの勇気で

はずがしがりやで泣き虫だったわたしは、大人になって国会議員になりました。「泣きみそきよみ」ってからかわれていたわたしが、将来、国会議事堂で総理大臣を相手に議論する政治家になるなんて、だれが想像できたでしょう?

父がいなくなって生活がしんどかったとき、やけになって投げやりに生きることもできたかもしれません。

でも母はいつもわたしに、「しんどいとき

ほどちゃんと生きなきゃダメ」といっていました。国会議員になったいまも、つらいときには母のその言葉を思い出します。

心にのこる言葉や、人との出会い。そんなちょっとしたきっかけで、人は変われるものなのだなと思います。

苦しみやなやみをかかえているときには暗い気もちになったり、やけになってしまったりするかもしれないけれど、「会ってみたい」と思う人に会いに行ったり、好きなことに夢中で打ちこんでみたりするうちに、世界がひろがっていくはずです。

だから、自分を否定しないでほしい。「わたしにできるかな?」ってあとずさりして後悔するよりも、ちょっとだけ勇気を出して、挑戦してみよう。なんにもないところから、ものすごいことを実現できるかもしれません。

# あとがき

たとえば、「ジャーナリストになりたい」と思ったら、新聞社とかテレビ局に入ることだけをめざすんじゃなくて、自分の興味のあることをしらべたり、話をききたい人に取材したりして、自分で記事や映像をつくって発信してみたらどうでしょう？

あなたの発信をきっかけに、世のなかの人が心をうごかされたり、市民運動がまきおこったりする可能性だってあります。そうしたらもう、あなたはその分野でいちばんのジャーナリストです。

わたしが政治家になったときも、そんな感じでした。

「政治家になりたいから、選挙に出て国会議員になろう」じゃなくて、「社会にはこんな問題があるのか。それならこういうふうに変えていきたい！」「この矛盾をどうにかしたい！」と思って仲間たちと活動しているうちに、国会議員への道がひらけていました。

市川房枝さんは、「平和と平等は手をたずさえてやってくる」と信じていました。わたしは、「男女のかたより」と「経済的なゆたかさのかたより」が大きい、いまのままの日本の政治では、平和も平等もおびやかされるのではないかとおそれています。

日本が第二次世界大戦につきすすむことを決めたとき、その決議をした国会に、多様性はありませんでした。

裕福な家に生まれた男性だけの議会で、戦争をするための予算を決め、国民を戦争に行かせることを決めたのです。

国会議事堂は、そのことを決めたときとおなじたてものが、いまもつかわれています。わたしは、この国会議事堂に国会議員としてはじめて足をふみいれたとき、「戦争に近づくようなことは1ミリも決めてはならない」と決意しました。

平和を守るためにも、女性の国会議員やマイノリティの国会議員をふやし、国会をもっと多様なものにしないといけないと思っています。

# あとがき

## 女の子でも総理大臣になれる？

さて、最後に、この本最大の「問い」にこたえましょう。

「女の子でも総理大臣になれる？」

答え。もちろんなれます！

じつは、首相官邸のホームページには、『内閣総理大臣になるには』というページがあって、道のりがえがかれています。

**① 国会議員に選ばれる**

**② 国会で内閣総理大臣に指名される**

**③ 天皇陛下から内閣総理大臣に任命される**

①まずは選挙に当選する。そして、②いちばん大きい政党のリーダーになる。いってしまえば、それだけで総理大臣になれてしまうというわけです。でも、「それだけ」のことを、日本ではまだひとりの女性もできていません。

わたしがはじめて国会議員になったときから考えれば、「女性総理への道」はずいぶん見晴らしがよくなったように思います。でも、まだまだその道はせまい。

これまでも、そしてこれからもわたしの役割は、つぎの世代のみなさんのためにブルドーザーみたいになって、この道を切りひらいていくことだと思っています。市川房枝さんや土井たか子さんがつくってくれた道を、すこしずつひろげていきたいのです。

もしかしたら、男の人にとっても「せまいな」と思う道があるかもしれない。「男だから」「女だから」って、やれることがかぎられてしまう社会って、すごくきゅうくつですよね。

だからわたしは、最後には「女らしさ」「男らしさ」ではなくて、「わたしらし

## あとがき

さ・あなたらしさ」が尊重される道をつくりたい。わたしたちの世代で、じゃまになるものをとりのぞいて、みなさんが大人になったときにはだれもが自分らしく歩いていけるような道をつくりたいと思っています。

わたしや同僚の女性議員たちが切りひらいてきた道を、みなさんがつづいて歩んでくれたらとてもうれしいし、そこから総理大臣が生まれたら、なんて想像したらワクワクがとまりません。

可能性あふれるみなさんと、つぎは何にチャレンジしよう？

みなさんのことを国会で待っています！

▼『市川房枝　―女性解放運動から社会変革へ』

筑摩書房編集部 著／筑摩書房

この本のなかになんども登場した市川房枝さんの伝記。「平和なくして平等なく、平等なくして平和なし」と女性の参政権の獲得などをめざした「女性解放運動」をすすめ、女性の参政権がみとめられてからは国会議員としてかつやくした市川さん。どんな子ども時代をすごし、女性解放運動にたどりついたかなどもわかります。わたしが巻末にエッセイをよせています。

▼『10歳から読める・わかる　いちばんやさしい日本国憲法』

南野森 監修／東京書店

「国のしくみをつくり、うごかすためのおおもとのルール」である憲法。でも、なんだかむずかしい言葉で書いてあるし、よくわからない、と思うかもしれません。この本では、全部で99条ある憲法をひとつずつていねいに紹介しています。それぞれに、原文をわかりやすい日本語にしたものと、専門の先生の解説がついていて、なるほど！　と思うにちがいない1冊です。

## もっと知りたくなったら読んでみよう！

▼『わかる！役に立つ！法律の教科書』かしこガール法学部 編　夏目麻央 監修／Gakken

日常生活にかかわる「法律」のことをわかりやすく解説した本。「学校で役に立つ法律」「日常生活と法律」「大人になるまでに知っておきたい法律」「自分の身を守るための法律」「インターネットと法律」の5つのテーマでさまざまな法律を紹介しています。漫画やイラストがたくさんつかわれていて、とにかく読みやすいよ！

▼『アドルフに告ぐ』（全3巻・手塚治虫文庫全集）手塚治虫 著／講談社

第二次世界大戦中の日本とドイツを舞台にした漫画。１９３６年、ベルリンオリンピックの取材に来た峠記者は、弟が殺されていることを知ります。その謎を追っていくと……。ヒットラーという独裁者が支配する恐怖の時代に「アドルフ」という名前の3人がたどった運命を描きます。戦争中の雰囲気がリアルにわかり、ストーリーも謎めいていて、読みはじめたら止まりません。

**辻元清美**　つじもと きよみ

参議院議員（比例代表、2022～）。1960年奈良生まれ、大阪育ち。早稲田大学教育学部卒業。学生時代に仲間4人とNGOピースボートを創設、世界60カ国と民間外交をおこなう。1996年衆議院選挙にて初当選、7期つとめる（～2021）。エイボン女性大賞教育賞受賞、ダボス会議「明日の世界のリーダー100人」に選出。国土交通副大臣、災害ボランティア担当の内閣総理大臣補佐官、女性初の国対委員長（野党第一党）、立憲民主党副代表等を歴任。趣味はうどん食べ歩き、Netflixを見ること、掃除と断捨離。

**参考文献**

・『月別カレンダーで1からわかる！ 日本の政治』伊藤賀一・監修（小峰書店）
・『国会要覧　第74版』国政情報センター
・「各国の議会における女性議員の人数及び割合（2023年6月1日現在）」国立国会図書館調査及び立法考査局政治議会調査室・課
・『ハーバードの日本人論』佐藤智恵（中央公論新社）

編集協力　宮原絵梨奈　国会ではたらくみなさん

**みんなの研究**
**女の子でも総理大臣になれる？ 国会への道**
2024年2月　初版第1刷

辻元清美

発行者　今村正樹

発行所　株式会社 偕成社
東京都新宿区市谷砂土原町3-5（〒162-8450）
Tel. 03-3260-3221［販売］ 03-3260-3229［編集］
https://www.kaiseisha.co.jp/

装画・本文イラスト　米村知倫
装丁・本文デザイン　寄藤文平+垣内晴（文平銀座）
組版　有限会社アロンデザイン
校正　株式会社円水社
印刷所
製本所　中央精版印刷株式会社

NDC310 200p. 21cm ISBN978-4-03-636380-3 C8331

本のご注文は電話・FAXまたはEメールでお受けしています。
Tel. 03-3260-3221　Fax. 03-3260-3222　E-mail : sales@kaiseisha.co.jp